MW01231906

Zohar

LIBRO DEL ESPLENDOR

Cien del
Mundo

Cien obras imprescindibles para
el conocimiento de la cultura universal.

Zohar

Libro del esplendor

Traducción, selección, prólogo y notas
Esther Cohen

Traducción
Ana Castaño

Primera edición: 1994
Segunda edición: 1998

Tercera edición: 2010

Edición: Dirección de Publicaciones
          del Consejo Nacional para la Cultura y las Artes

© Esther Cohen, por la traducción, selección y notas
© Ana Castaño, por la traducción

D.R. © 2010 de la presente edición
          Dirección de Publicaciones
          Av. Paseo de la Reforma 175
          Cuauhtémoc, CP 06500
          México, D.F.

ISBN 978-607-455-215-7

Impreso y hecho en México

ÍNDICE

PRÓLOGO

El *Génesis* comienza con la palabra *Bereshit*, "En el principio". La letra *Bet* protagoniza así el acto creativo de Dios en la medida en que la divinidad le otorga el privilegio de signar la apertura, no obstante ser la segunda letra del alfabeto hebreo. Este hecho, que pudiera carecer de importancia para un lector lego, no lo es para el misticismo cabalista del *Zohar*, texto medieval que, al ocuparse de la exégesis profunda del Libro Sagrado, pone de relieve el desplazamiento de la letra *Alef*, que debiera sin duda, por ser la primera, protagonizar la Creación. Para el *Zohar*, nada en la Escritura de Dios es casual o contingente; de ahí que deba justificar desde el inicio de su largo viaje por la Biblia esta primera inversión en el orden alfabético. ¿Por qué la *Alef*, a pesar de ser la letra en la que Dios encuentra su propia unidad, "la base de todos los cálculos y de todos los actos que se realicen en el mundo", no encabeza el acto más generoso de su infinita existencia?

Porque la *Bet*, ב, es la letra que construye el mundo. En su configuración icónica y en su valor numérico, ב se constituye como el paradigma de la Creación, como modelo de la arquitectura de lo que existe y existirá en el universo. Esta letra, construida con tres líneas que configuran una morada abierta, concentra en sus formas una cosmogonía compleja y singular a la vez; alude, en la direccionalidad que toman sus formas lineales, a los cuatro puntos cardinales básicos de todo acto creativo y, particularmente, de todo universo que se quiera un cosmos ordenado. Pero además, ב muestra en sus dos líneas paralelas la oposición básica: lo de arriba y lo de abajo; y así como su línea derecha es el respaldo de un frente al que queda asociada la misericordia y la compasión divinas; su contraparte, el lado izquierdo, asociado al rigor y al juicio de Dios, anuncia la apertura de una creación que se mira a sí misma como posibilidad infinitamente abierta, tanto al mundo como al hombre.

La Creación, lo dice desde el primer momento el *Zohar* o *Libro del esplendor*, recuperando el discurso bíblico de la creación en su sentido más preciso, es un acto lingüístico, un ejercicio del lenguaje a través del cual Dios, al narrarse a sí mismo a través de la historia de la construcción de un nuevo universo, construye al hombre y su mundo a partir de la facultad y el ejercicio pleno de sus capacidades lingüísticas; de manera más concreta, a través de la escritura de la lengua hebrea y, más

11

específicamente, a través de las letras que sirven de columnas y pilares de su pensamiento y su deseo.

La ב sostiene al mundo. De ahí que la línea inferior que la conforma funcione como soporte de lo que aparece en su parte superior. Pero, además, ninguna otra letra da al hombre y a su mundo la imagen clara de dos soportes que se corresponden simétricamente: el sostén de abajo, es decir, el mundo terrenal, humano, y el techo celeste que da cobijo al mundo de abajo y que aparece colocado de manera simétrica al soporte inferior. Es así como además de los cuatro puntos cardinales: norte, sur, este, oeste, a los que apunta esta segunda letra del alfabeto hebreo, la ב , también encontramos la doble relación simétrica entre el mundo de arriba y el mundo de abajo, y entre el lado derecho marcado por la línea vertical y la apertura del lado izquierdo que, aunque no marcado por una línea fija, deja justamente abierta la posibilidad de optar por una u otra; en otras palabras, por el bien misericordioso que se ubica en esta cosmogonía cabalística de la parte derecha, o por el mal y el rigor de quien se obnubila con la apertura y no es capaz de discernir entre el bien y el mal, ya que quien opta por el segundo se sabe consciente de la diferencia entre ambas partes. Quien conoce la apertura goza pero también padece de la atracción del influjo maligno.

Así, en estos términos, y a partir de las seis direcciones a las que apunta la letra *Bet*, da inicio el *Zohar* al relato místico de la Creación más sugerente en la historia del misticismo judío. Este texto, escrito en las últimas dos décadas del siglo XIII en España por Moisés de León,[1] viene a recuperar la tradición bíblica más antigua y sólida sobre el proceso creativo de la divinidad, proceso cuyo protagonista principal es ni más ni menos que la lengua hebrea. Una lengua conformada por letras y, más específicamente, por consonantes, que se convierten en verdaderos y efectivos materiales para la Creación; letras, no *a través* de las cuales se configura el universo, sino *en* las que este universo, complejo y sencillo a la vez, está contenido. La letra hebrea se convierte así en el personaje central de un proceso cuyo curso adquiere la forma de una

---

[1] El problema de la autoría del *Zohar* ha sido bastante conflictivo, desde su primera edición en Italia en el siglo XVI. Durante todos estos siglos y hasta el XIX, se pensó que su autor era el rabí Simón ben Yohai, protagonista central de esta "novela mística", como la llama Gershom Sholem. Sólo a partir de las últimas décadas del siglo XIX y, sobre todo, a partir de los estudios de eruditos como Gershom Sholem, se llegó a la conclusión de que el *Zohar* había sido escrito durante la Edad Media en España y su autor principal había sido Moisés de León. Esta tesis, básicamente aceptada por todos los estudiosos del tema, vuelve a ponerse en entredicho a partir de los trabajos del doctor Yehuda Liebes, quien considera que, si bien Moisés de León fue el autor de una buena parte del *corpus* zohárico, en realidad fueron varios los autores de este complejo y extensísimo texto.

construcción lingüística, de una arquitectura con base en figuras consonánticas que modelan y dan cuerpo al mundo y a las cosas, al hombre y a su ambiente. Crear, entonces, para la mística del *Zohar*, es colocar letra tras letra, combinarlas y permutarlas para hacer surgir de este movimiento interminable una fuente continua de vida.

Nombrar, lo sabemos desde la tradición bíblica, es ya crear, y así es como lo entiende el misticismo cabalista del *Zohar*. Existe una relación de simultaneidad entre el nombre y la cosa, entre la palabra y el mundo, entre la interpretación y la acción. He aquí la premisa básica y el punto de partida de toda lectura de la Biblia y sus comentarios que no hacen sino renovar, a través del ejercicio pleno de sus capacidades lingüísticas e interpretativas, el acto primigenio de la Creación. Y de esta manera clara y contundente queda expuesta la teoría cabalística de la Creación: la letra *Bet*, ב , con la que da inicio el *Génesis*, no es un hecho puramente casual sino, muy por el contrario, la razón más secreta de una construcción que se ve a sí misma como volcamiento del ser y la forma más íntima de cada una de las letras del alfabeto hebreo, cuya responsabilidad en el proceso creativo reposa tanto en su configuración icónica, como en su valor numérico y su sorprendente capacidad de permutación y combinación. Gracias a la ausencia de vocales en el escritura hebrea, ésta adquiere una enorme riqueza semántica ya que, como podemos ver en varios de los fragmentos seleccionados a lo largo de esta antología, una misma secuencia consonántica puede, y de hecho logra, proyectar un abanico de posibilidades de sentido a partir de una mínima variación vocálica. Baste remitirnos a la primera palabra de la Biblia, ya no sólo a la primera letra, para observar cómo esta multiplicidad de sentidos logra abrirse camino a través de una alteración en el orden o, simplemente, en la ubicación de diferentes vocales. Así: *Bereshit* (en el principio) puede dividirse en *barah shit* (creó seis). Bastó aquí una simple transposición de vocales para dar a esta primera palabra que abre el *Génesis* un significado no sólo distinto del original, sino enriquecedor del sentido más profundo (místico, diría el cabalista) del término. Crear seis se refiere a la creación de los seis puntos cardinales a los que nos referíamos al hablar de la letra inicial *Bet*. Estos seis puntos se convierten, para el autor del *Zohar*, en seis ríos que bañan el universo y dan vida a la tierra. Pero *Bereshit* es también susceptible de otras transformaciones. Si tomamos las consonantes centrales *R* y *Sh* y a ellas agregamos la vocal *O*, tenemos la palabra *Rosh*, que significa "cabeza", o un jefe de rango superior; y si unimos las otras dos consonantes *B* y *T* agregando las vocales *A* e *I*, tenemos la palabra *Bayit*, que significa "casa". De esta manera construimos un nuevo sentido y vemos nuevamente que la palabra *Bereshit* dice algo más que "en el principio". Otro ejemplo que recurre al valor numérico de la letra *Bet* divide la palabra en dos partes: la primera se concentra en el valor numérico de la consonante *Bet* o sea, dos; la segunda, en el significado de la palabra *Reshit*, es decir, "principio", lo que hace de esta palabra el contenido de "dos principios": uno, el que es de todos conocido, el que creó el cielo y la tierra así como al hombre y, dos, aquel del mundo venidero que se presenta como algo oculto, un mundo aún por descifrar. Y es este mundo oculto al que la mística de la cábala trata de llegar a través de la infinita interpretación del Texto Sagrado.

Cábala significa "tradición", *zohar*, "esplendor". Es este esplendor de la tradición mística el que recoge en toda su riqueza de pensamiento y de imágenes simbólicas el texto que ahora presentamos al lector de habla hispana: el *Zohar* o el *Libro del esplendor*. Al lado de la Biblia y del Talmud, el *Zohar* forma parte de los tres libros más importantes y sagrados de la cultura judía. Su carácter "místico" ha hecho de él un libro de limitado acceso y, hasta la fecha, estudiar la simbología y los misterios de la cábala, para el fiel de la tradición hebrea, resulta algo más que incómodo, peligroso. Su carácter sagrado inspira, en este caso, cosa que no sucede con el Talmud o la Biblia, un temor a descubrir los extraños misterios a los que alude la particular interpretación de la *Torah* que realiza el místico cabalista. Se dice, incluso, que es un texto que no debe ser leído por alguien que no ha llegado a los cuarenta años de edad. Y aunque resulte un tanto absurdo este temor, una vez que se ha penetrado en el complejo mundo de la cábala del *Zohar*, encuentra definitivamente una explicación más que justificada, de manera particular si se considera el terreno teológico en el cual se plantean algunos de los temas centrales del misticismo cabalista. Penetrar en este universo es partir de la interpretación para ir más allá de ella; el *Zohar* ofrece al lector toda una cosmovisión, con frecuencia más cercana de la modernidad que de la Edad Media, que fascina no sólo por su imaginación sino por su atrevimiento, complejidad e inteligencia con los que resuelve problemas ancestrales de la teología en términos poco comunes para la época y el campo de pensamiento, que se atreve a plantear de principio el problema que tanto preocupa a la religión y a sus defensores: el *Zohar* es único en la forma de plantear y, sobre todo, de responder a la pregunta: ¿Dónde está el mal?

Una vez establecido de manera clara el carácter lingüístico de la Creación —el mundo se construyó con palabras—, no queda más que admitir una relación de simetría y de analogía entre la *Torah*, que no es sino la creación puesta en la escritura, el mundo colocado en el papel, y el universo creado que se identifica totalmente con las palabras y con cada uno de los signos escritos que en el fondo lo contienen. La ecuación puede resolverse simple y sencillamente así: el mundo y la *Torah* no son sino uno, el primero está contenido en la segunda, y la segunda, la escritura, no es sino el mundo en el papel, en la hoja en blanco, en el pergamino. Pero en la tradición judía se habla de dos *Torot*: una *Torah* escrita y otra oral. De ahí que la interpretación continua de la escritura venga a contribuir a la *Torah* oral, que no ha sido totalmente completada. Insisto, una vez planteada la relación simétrica entre universo y *Torah*, entre el mundo de las acciones del hombre y el mundo de la lectura del Pentateuco, que no es al fin y al cabo más que lectura del mundo, se puede pasar a la pregunta que la cábala del *Zohar* se plantea en cuanto a los orígenes del universo, de Dios y del hombre. He aquí el problema central al que nos referíamos más arriba y que responde por la supuesta "peligrosidad" de la lectura de este texto sagrado.

"No hay más luz que la que proviene de la oscuridad [...] Y no existe culto al Santo, bendito sea, sino el que viene de la oscuridad, y no existe el bien sino el que proviene del mal [...] pues el bien surgió del mal, y de la misericordia, el juicio divino" (Desierto, p. 163).

Con estas palabras, claras y transparentes, el *Zohar* se enfrenta de manera abierta a la existencia explícita y justificada del mal. Un mal al que responde, no dentro de los márgenes del dualismo gnóstico (un Dios todo bondad que se enfrenta a otro de su misma capacidad, pero que se construye como su opuesto), sino construyendo la imagen atrevida de un Dios mucho más complejo que, al crear, imprime en el mundo y en los hombres esta doble inclinación que, aunque opuesta, no resulta en absoluto contradictoria, ya que se trata de dos caras de una misma figura. La sobrevivencia del universo no se debe entonces al triunfo de una sobre la otra sino a la justa tensión y balance de los opuestos. En esta idea de un Dios que se constituye y que construye al hombre a partir de la tensión entre el bien y el mal, podría decir, se concentra la característica más insólita e inédita, al menos en el campo de la teología hebrea, de la cábala del *Zohar* y, al mismo tiempo, la más sugerentemente peligrosa.

Nada más lejos de la concepción tradicional del Dios Todopoderoso y todo bondad y misericordia que el diseño cabalístico con que el *Zohar* ilustra el despliegue de los atributos o emanaciones (*sefirot*) divinas, a través de las cuales Él, con su energía e imaginación creadoras, da vida a un universo. Se trata, de hecho, de un diseño proyectado a partir de un bosquejo breve, aunque no por eso menos determinante para la tradición cabalística, elaborado por un texto anterior, escrito probablemente en el siglo III d.C., el *Sefer Yetzirah*, donde el proceso creador y, con él, la identidad de Dios, quedan expuestos en una fórmula clara y precisa.

> Con 32 Vías Maravillosas de Sabiduría, Yahveh Dios de los Ejércitos, Señor Viviente y Rey del Universo, Dios Omnipotente y Misericordioso, Clemente y Excelso y que reside en lo Alto y cuyo nombre es Sagrado, grabó y creó su mundo.
>
> Con diez Sefirot y 22 letras Fundamentales las grabó, las plasmó, las combinó, las sopesó, las permutó y formó con ellas todo lo Creado y todo aquello que ha de formarse en el futuro [*Sefer Yetzira. Libro della Formazione*, pp. 19-29].

En unas cuantas líneas el autor anónimo de este texto resume, en buena parte, la cosmogonía cabalística que vendrá a rescatar el *Zohar*, enriqueciéndola con una imaginación simbólica, pero sin apartarse de este primer trazo que dibuja el surgimiento del cosmos y la figura del hombre a imagen y semejanza del "cuerpo" divino. Un cuerpo que se conforma de las veintidós consonantes y los diez atributos, emanaciones o *sefirot* que, al ponerse en contacto unas con otras, van configurando el rostro de Dios, del mundo, del hombre y de todas aquellas cosas "que han de formarse en el futuro".

En la última frase queda contenido el espíritu más dinámico de todo el pensamiento cabalista. El mundo no es uno ni acabado, la energía divina con la que Dios construyó el primer esbozo de universo es una energía en permanente estado de creación, una fuerza creadora que hace del mundo un universo en permanente movimiento.

Así, de la misma manera en que veíamos la transformación del significado de la palabra *Bereshit* a partir de la permutación de las letras y de la variada combinación de vocales como fuente de un eterno construirse del sentido, el esquema sefirótico, es decir, el de las emanaciones o atributos divinos, comparte el mismo dinamismo. Letras y *sefirot* en movimiento hacen del universo cabalista un cosmos en perpetua mutación, el cual hace posible, a su vez, la constante intervención del hombre, a través de la lectura y la interpretación, en el curso de la historia, de su propia historia. Para el lector del *Zohar*, las letras adquieren un valor simbólico específico, son signos en los que se puede reconocer una forma, un diseño, un valor numérico o un valor "posicional". En el caso de las *sefirot*, el simbolismo resulta más complejo en la medida en que cada una de ellas representa un atributo divino, pero éste, a su vez, se encuentra siempre "puesto en relación" con el resto de las emanaciones. Por ello su significación, al ser producto de una acción combinatoria, da lugar a un simbolismo cuyo sentido es más intrincado, quizá más abstracto.

Con el despliegue de sus diez atributos y las veintidós consonantes del alfabeto hebreo, Dios abre paso a la Creación que no deja de construirse; y entender la dinámica de la permanente interrelación entre las letras y las *sefirot* es comprender la energía que participa en el universo que va construyéndose. Labor no sencilla.

El esquema sefirótico se representa en el *Zohar* de diversas maneras: puede ser un árbol con sus diez ramificaciones o un cuerpo humano, cuyos miembros y articulaciones remiten a cada una de las diez emanaciones divinas y cuyo simbolismo está signado por esta relación entre cuerpo y atributo espiritual. El cuerpo humano como esquema de las emanaciones sefiróticas apunta de manera clara a la simetría entre la corporalidad del hombre y la espiritualidad de Dios. Si a cada atributo o *sefirah* divina corresponde una parte del cuerpo humano es porque existe en el hombre, de hecho, un estado de armonía con las cualidades y atributos divinos. Somos, quizá, su espejo corporal en el mundo terrestre, sin dejar de ser, al mismo tiempo, el reflejo espiritual en su mundo celeste.

De manera esquemática, podríamos ennumerar las diez *sefirot* divinas, apuntando en cada caso a su correspondiente equivalencia simbólica principal, que se enriquece en los diversos contextos:

1. *Keter*: la corona suprema de Dios.
2. *Jojmah*: la sabiduría o idea primordial de Dios.
3. *Binah*: la inteligencia divina.
4. *Jesed*: el amor o la misericordia de Dios.
5. *Gevurah* o *Din*: la fuerza de Dios que se manifiesta principalmente en la fuerza de juicio y castigo.
6. *Tiferet*: belleza o *Rajamin*: la compasión de Dios.
7. *Netzah*: la paciencia infinita de Dios.
8. *Jod*: la majestad de Dios.
9. *Yesod*: la base de todas las fuerzas activas de Dios.
10. *Maljut*: el reinado de Dios, descrito generalmente como la Comunidad de Israel o la *Shejinah*.

Para la cábala del *Zohar*, la divinidad es un ser andrógino; de ahí que esta doble cualidad de género deba estar presente en el esquema corpóreo-espiritual que lo representa y, de alguna manera, lo define. De ahí entonces que de las diez *sefirot* que constituyen su más íntimo ser, la mitad correspondan a su naturaleza femenina y la otra mitad a su naturaleza masculina. Sólo que estos atributos, a pesar de formar un todo complejo y autónomo, no dejan de proyectar en su representación la escisión original de la Caída. El misticismo del *Zohar* no puede conce-

ÁRBOL SEFIRÓTICO

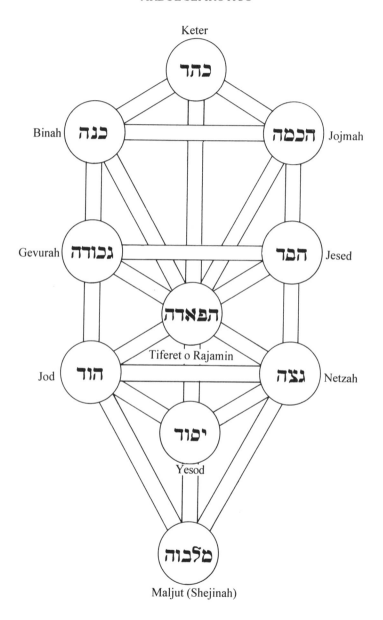

Keter

Binah

Jojmah

Gevurah

Jesed

Tiferet o Rajamin

Jod

Netzah

Yesod

Maljut (Shejinah)

bir a un Dios ajeno al pecado, a la transgresión operada por el hombre al tratar de igualarse a su progenitor; la Caída y, por lo tanto, el exilio del paraíso, de la Tierra y del Templo, si quieren dibujar la estructura básica del Dios creador del universo, no pueden permanecer distantes de su constitución. De ahí también, entonces, que el exilio terrestre se manifieste simétricamente en el diseño mismo del esquema sefirótico de la divinidad, una divinidad escindida, exiliada de sí misma en el interior mismo de su estructura más íntima. De *Keter* a *Maljut*, de la corona suprema de Dios, el atributo masculino más sagrado por ocupar el lugar más lejano del alcance del hombre, a la Comunidad de Israel o esposa de Dios hay un abismo: ocho atributos separan al esposo, *Keter*, de su consorte, la *Shejinah*.

Sin embargo, reflejar la escisión no implica la incapacidad de volver a su estado original, anterior a la Caída. Y del hombre y su plegaria, del hombre y su comportamiento moral, así como de su capacidad de lectura e interpretación de la *Torah*, depende la temporal suspensión del alejamiento, del exilio y la separación. El dinamismo de la mística cabalista consiste precisamente en este punto: en la capacidad humana de restituir, a través de la acción del hombre, la armonía primigenia del cosmos, de la divinidad y del propio ser humano. En la lectura de la *Torah*, en su interpretación "sabia", que conoce el secreto para crear firmamentos nuevos a partir de nuevas y originales exégesis, está el secreto de la unión de los "amantes", que no es sino la unificación de Dios en su carácter perfecto de ser andrógino.

Pero la complejidad del Dios cabalístico no radica sólo en su doble modalidad de varón y hembra ni en su capacidad autogeneradora, sino en la dual impronta moral con la que lo divino se manifiesta al hombre: de la misma manera en que Dios participa de los dos sexos, lo divino se conforma de dos caras absolutamente contrapuestas aunque, precisamente por ello, complementarias. El bien y el mal lo constituyen en su estructura más íntima, son su rostro más fiel. Y dentro de esta doble estructura, los atributos colocados del lado derecho del árbol sefirótico apuntan a su bondad y a su misericordia, mientras que aquellos que ocupan un lugar en el lado izquierdo remiten de inmediato a su rigor y a su castigo, a su mano dura. En este tablero de atributos o *sefirot*, que no son sino zafiros que brillan e iluminan el esplendor divino, el lado derecho corresponderá a sus cualidades masculinas y, por ende, bondadosas, mientras que el lado izquierdo responderá por su ser femenino y, en consecuencia, por su inclinación al mal. Así quedaría compuesto el "cuerpo" sefirótico del Dios Todopoderoso, Todo bondad, pero ciertamente también, Todo rigor y Todo mal. De esta manera, *Keter* y *Maljut*, colocadas en los extremos superior e inferior del árbol, apuntan hacia la separación de lo masculino y lo femenino pero, a su vez, esa oposición vertical se ve reproducida en el plano horizontal. Entre el bien masculino que se ubica del lado derecho y el mal femenino que aparece del lado izquierdo gira el mundo y la identidad de su Dios, de sus hombres y de sus acciones.

Es la tensión entre los extremos lo que conduce al equilibrio, lo que hace del universo un cosmos ordenado y en movimiento. Y sin duda alguna, en la medida en que el diseño original de Dios es en efecto la calca del diseño del hombre o viceversa, su acción reflexiva se convierte en la forma privilegiada destinada al hombre para mantener el movimiento de un cosmos que depende básicamente de su comportamiento moral y, más específicamente, del cumplimiento de los 613 preceptos morales que le fueron otorgados junto con la Ley en el Monte Sinaí. La lectura de la *Torah* como eje fundamental de la moral y como palanca que pone en acción el flujo de la historia ocupa ciertamente un lugar de primera importancia. Pero esto no significa que el resto de los preceptos puedan ser pasados por alto. Muy por el contrario, es la acción consciente de su efecto teúrgico[2] lo que hace del hombre un ser poderoso aunque sometido, capaz, en su aparente sumisión, de ejercer a través de sus actos una influencia positiva o negativa en el mundo celeste. A Dios se llega a través de sus *sefirot*: se parte en escala ascendente de *Maljut* a *Keter*, lo cual implica que el pasaje obligado hacia la corona del Rey Supremo se da necesariamente atravesando su cualidad femenina, es decir, su íntima inclinación al mal, recorrido que hace de todo conocimiento místico, como lo apunta Gershom Scholem, un conocimiento marcado de manera definitiva por un impulso erótico. En este sentido, me atrevería a decir que en el campo de la mística el caso de la cábala es particularmente sensible ante el erotismo que permea la relación entre Dios y el hombre y, al interior de la propia divinidad, aquel que sella el lazo abiertamente sensual entre su ser macho y su ser hembra que lo constituyen como una unidad autosuficiente. Este erotismo aparece subrayado una y mil veces a lo largo del *Zohar*. Sorprende con frecuencia, en la lectura del *Libro del esplendor*, encontrarnos con que todas y cada una de las *mitzvot* o de las prescripciones morales tengan en un sentido más o menos concreto una explícita orientación al deseo y a la unión efectiva y no solamente metafórica de los dos sexos. La cópula se convierte así en uno de los ejes fundamentales o metas más precisas del conocimiento y de la práctica místicas. A Dios se llega

---

[2] Se utiliza este término para referirse a la actividad que puede realizar el hombre en el mundo terrenal para influir en el universo celeste. Se distingue del término mágico, ya que en el primero, supuestamente, se da sólo un trabajo en favor de la unidad celeste y del ámbito de lo divino.

penetrando a la *Shejinah* a través de la plegaria, pero a Dios también se llega dando placer a la compañera de abajo, a la consorte de carne y hueso con quien se establece un lazo de unión que influye en el abrazo celeste y es, a su vez, reflejo y respuesta de este acercamiento.

No es casual en este sentido que la marca de la alianza divina con el pueblo de Israel se lleve a cabo precisamente en el órgano sexual masculino. La alianza de la circuncisión ocupa en el terreno de las prescripciones morales un lugar de singular importancia para todo el judaísmo y, me atrevo a decir, en mayor medida aún en el campo de la mística, ya sea teosófica teúrgica, como en el *Zohar*, o como en la mística extática que se conforma con la combinación o permutación de las letras y no tanto de su sentido profundo.[3] El *Zohar* establece una relación audaz entre el nombre de Dios y la marca de la alianza, de tal manera que la sexualidad aparece como el vehículo privilegiado y sagrado del contacto con Su nombre. De ahí, pues, que se perciba a lo largo de todo el *corpus* zohárico una predisposición o inclinación particular hacia el ejercicio efectivo de la sexualidad y sus placeres. El pacto que Yahveh sella con Abram es justo el de la inscripción de Su nombre en su cuerpo; es por ello que Abram se transforma en Abraham en el momento preciso en que Dios marca su órgano sexual con la letra *Hei*.[4] Esa piel que se retira del cuerpo recibe su compensación: la letra del nombre inefable e impronunciable, ni siquiera en la plegaria, da justicia y dignidad a ese acto de "mutilación". En realidad el pacto es una ofrenda del cuerpo a cambio de la santidad de un nombre que convierte al sexo y a su ejercicio pleno en un espacio afortunado de contacto con Dios. Pero éste, debido a su carácter sagrado, deberá respetar ciertas normas de comportamiento, deberá hacer del sexo una práctica regulada y reguladora, que no profane ni deshonre el nombre divino que lleva marcado en su propia piel:

> Feliz es el pueblo de Israel en quien el Santo, bendito sea, se deleita mayormente que en otros pueblos, y les ha dado esta señal del pacto. Ya que quienquiera que lleve este signo no descenderá al *Gehinom*, siempre y cuando salvaguarde este signo como debe sin introducirlo en terreno ajeno, y sin hacer uso falsamente del nombre del Rey, ya que quien

---

[3] Se podría decir que la historia de la mística judía es una permanente oscilación entre el polo teosófico-teúrgico y el polo extático. El primero se interesa básicamente por la idea de Dios, así como por la manera peculiar de aplicar la energía a la divinidad. Este tipo de cábala concentra su atención en los aspectos simbólicos del texto bíblico y, como consecuencia, en las técnicas exegéticas capaces de dar respuesta al cuestionamiento sobre el origen de la divinidad y del universo. La cábala extática, por otro lado, aspira primordialmente a la experiencia de la divinidad a través de la atomización radical del lenguaje.

[4] *Hei* corresponde, en español, a la letra *H*.

utilice en falso su nombre con éste [el miembro masculino], es como si utilizara en falso el nombre del Santo, bendito sea.

Si bien la mística del *Zohar* propone una regulación de los placeres, sería injusto no reconocer en el erotismo cabalista una franca y desembarazada sensualidad, sin coartadas puramente espirituales, que cancelarían de tajo el placer concreto de la carne, del aquí y el ahora, del presente y del mundo inferior en ventaja o como ofrenda de un futuro y de un más allá celestial. Se trata en efecto de glorificar la santidad divina propiciando su unión en el mundo celeste con su parte femenina, sin cancelar por ello el contacto cuerpo a cuerpo de la unión terrenal; sólo la vida en pareja conoce la perfección. "El secreto de este asunto es que las bendiciones radican sólo ahí donde hombre y mujer se encuentran juntos, como está escrito: 'Los creó varón y hembra y los bendijo.' " (*Génesis* 5:2).

Hasta aquí podríamos detenernos y delinear en términos generales las coordenadas dentro de las cuales se constituye y se formula el conocimiento y la práctica místicas. A partir de la letra *Bet*, apuntamos desde el inicio de este prólogo a las seis direcciones hacia las que se dirige y se manifiesta el acto creativo. De éstas, el eje arriba/abajo, como eje fundamental y universal, sugería de inmediato una relación de reflejo recíproco y de mutuo influjo de carácter teúrgico y, en ocasiones, francamente mágico. Paralelamente, hablamos de otro binomio primordial que destacaba esta vez, no la relación entre Dios y el hombre, entre lo alto y lo bajo, sino la aparente contradicción horizontal que generaban sus cualidades del lado derecho y las del lado izquierdo, por el carácter andrógino de la divinidad y del *Adam Kadmón* (el hombre primordial), así como por el complejo pliegue de sus rasgos morales, por su doble inclinación hacia el bien y hacia el mal.

El universo cabalista se mueve en el interior de estas murallas o ejes cardinales; todo lo que existe o habrá de existir en el futuro, toda acción y todo pensamiento o reflexión sobre el mundo y su creador participan de una u otra forma de este marco diseñado para no dejar fuera ninguna modalidad de comportamiento moral y, por encima de todo, ninguna forma en que la estructura de Dios pueda manifestarse a los ojos del hombre. Si bien la estructura básica de las coordenadas arriba/abajo, derecha/izquierda es un rasgo universal característico de toda cultura y prácticamente de toda cosmogonía, el impulso motor del que se sirve la cábala del *Zohar* para poner en movimiento esta estructura es la pulsión erótica que se manifiesta en todos y cada uno de los ámbitos a los que el místico hace referencia. El erotismo tan a flor de piel que se percibe en buena parte de la tradición mística aparece en el *Zohar* con una fuerza y un dinamismo insospechados. En los textos que recoge esta antología, será difícil encontrar pasajes en donde el erotismo, a veces explícito, a veces velado por la compleja simbología de las *sefirot*, no sea el impulso o el fin último de una acción: desde la plegaria hasta la cópula, todo acto lleva la impronta del deseo y del goce, todo ejercicio espiritual o práctica ritual conducen a la erotización del mundo celeste, es decir, a la armonía y a la alianza efectiva de los dos sexos, ya sea la de Dios y su *Shejinah* o la del hombre con su mujer.

El *Zohar*, como se ha visto, es más que un puro trabajo de exégesis mística, ejercicio del que tanto disfrutan los exégetas del medievo. En el fondo, el *Libro del esplendor* aspira a dar una explicación sistemática del mundo en su totalidad. Propone, en su afán de abarcarlo todo en el Libro Sagrado, una especie de enciclopedia del saber. Se trata de descifrar los enigmas del Texto a través de las diversas técnicas de interpretación, de extraer de él sus enseñanzas morales, su idea de Dios y del hombre. Pero también de ofrecer al lector de su época una descripción del mundo físico como parte de su cosmovisión. Si el pequeño mundo del hombre es una ventana para conocer el gran mundo celeste, y si somos no sólo sombra del gran universo sino que nos ha sido dada la capacidad de influir a su vez en él, resulta indispensable conocer en profundidad el cuerpo humano, internándose tanto en la distribución de venas, huesos, entrañas y músculos como en el ojo y la pupila para ver en ésta el reflejo del mundo entero. La anatomía del cuerpo, la forma de curar ciertas enfermedades, la redondez de la tierra, el lugar que ocupan las estrellas, las fases de la luna, etcétera, tienen, en esta antología, un lugar más que justificado en la medida en que también ese mundo físico, el "mundo de aquí abajo" es el ojo por donde se percibe la luz de Dios y, por lo tanto, la del hombre.

Criterios de la selección

El *Zohar* o *Libro del esplendor* es un texto amplísimo y heterogéneo. Una edición completa en español ocuparía por lo menos seis volúmenes. Preparar una antología que proyectara con justicia una imagen global de los intereses y particularidades del texto no fue tarea fácil. De hecho, como toda selección, ésta no podía carecer de cierta arbitrariedad; sin embargo, y dentro de los límites posibles, resultaba necesario abordar, aunque fuera en términos generales, el mayor número de temas y facetas del *Zohar*. Creí conveniente presentar al lector una selección que diera cuenta de los ejes fundamentales del pensamiento cabalista, así como una visión de conjunto de este universo, tanto en su modalidad de exégesis o hermenéutica, como en lo que concierne a su cosmogonía. Me pareció importante destacar su muy particular forma de concebir el mundo como fruto de un reflejo del universo celeste y, a su vez, como motor y soporte del ámbito divino. Desde esta perspectiva me interesó privilegiar, en primer lugar, los temas que se refieren de manera concreta a la Creación, a su carácter estrictamente lingüístico, así como a la *Torah* como mapa y escritura del mundo. De esta relación entre Mundo y Escritura consideré interesante destacar el papel que desempeña el hombre en la lectura e interpretación de los textos sagrados, así como mediante la acción consciente y el cumplimiento de los 613 preceptos morales que constituyen la ley judaica: el hombre como hacedor de la historia a partir de su permanente participación del Libro y del Mundo.

En segundo lugar, no podría haber dejado de lado un tema tan central para la cosmovisión cabalista como el del bien y el mal. De hecho, la doble inclinación hacia uno y otro aparece desde los textos abordados en los tres primeros apartados: el de la Creación, el de la *Torah* y el de la palabra y la interpretación. Creo, y lo he explicado aquí, que en esta dualidad reside uno de los ejes fundamentales del pensamiento cabalístico, ya que pone al descubierto a un Dios que deja de ser todo bondad y misericordia para convertirse en un Dios más humano que el Dios bíblico, quizá, que participa tanto de lo uno como de lo otro; más aún, que lleva en su estructura interna la doble impronta del bien y del mal. De ahí que las prescripciones morales tengan un lugar de singular importancia en el *Zohar*, en la medida en que son las acciones de los hombres las que mantienen el mundo en movimiento y, por lo tanto, las que permiten establecer una tensión entre estas dos fuerzas.

Por último, consideré necesario incluir en esta antología algunos textos que mostraran el profundo interés de la cábala del *Zohar* por el mundo natural; este interés se explica si leemos el *Zohar* como la constante búsqueda de una interpretación sistemática del universo. En ella, la observación y la explicación de los fenómenos naturales ocupan un lugar de singular importancia. De ahí la selección de textos referentes a la redondez de la tierra, la disposición de las estrellas, la acción del fuego, la fisiología del cuerpo humano y las fases de la luna.

Criterios de la edición

La traducción de esta antología se realizó a partir de la edición francesa de Jean de Pauly (1906-1911). Se consultó y cotejó con otras ediciones modernas por ser más precisas y, en algunos casos, por tratarse de trabajos anotados que ayudaban a aclarar las oscuridades místicas del Texto. La traducción al inglés de Harry Sperling y Maurice Simon (1984), publicada por Soncino Press en cinco volúmenes, resultó poco útil por estar bastante censurada, pues deja de lado importantes fragmentos del misticismo erótico del *Zohar*. La edición de Charles Mopsik, publicada por la editorial Verdier de París, y cuyo primer volumen salió en 1981, a pesar de hallarse aún incompleta, fue de gran utilidad porque, además de ser una excelente traducción, cuenta con sustanciosos comentarios. Por último, la importante edición antológica y traducción al hebreo del *Zohar* hecha por Isaiah Tishby (1949-1961), vertida al inglés por David Goldstein y publicada por la Oxford University Press (1989), aportó a nuestro trabajo varias sugerencias y notas aclaratorias.

Las referencias a la Biblia están tomadas de la *Biblia de Jerusalén*. Cualquier diferencia significativa entre ésta y la traducción del texto se señala al lector en nota a pie de página.

Hemos optado por mantener algunos términos clave en hebreo, como aparecen en las ediciones francesas e inglesas, anotándolos en cursivas. Remitimos al lector al glosario final, donde encontrará el sentido de la gran mayoría; sin embargo, las palabras en hebreo poco recurrentes aparecen traducidas en el mismo texto, ya sea entre paréntesis o en nota a pie de página.

El criterio para la transcripción de nombres del hebreo al español se propone reflejar, hasta donde esto fue posible, la fonética hebrea. Sin embargo, algunas veces creímos conveniente respetar la presencia de ciertas letras que, al margen de su valor fonético en español, tienen para la cábala una significación particular. Así, en lugar de escribir *Torá*, suprimiendo la h final y acentuando la palabra, hemos preferido conservar la h, que corresponde a la letra *Hei* en hebreo y que tiene una significación particular por tratarse de una letra que aparece dos veces en el nombre de Dios o tetragrama *YHVH* (Yahveh), y a la que el *Zohar* hace constante referencia.

LA CREACIÓN

La creación del mundo y las letras

Está escrito: "En el principio." Rabí Amnuna el viejo dijo: Encontramos en las primeras palabras del *Génesis* una inversión en el orden alfabético de las letras. Así, las dos primeras palabras del *Génesis* tienen como inicial la letra *Bet* (*B*): *Bereshit* (en el principio), *Barah* (creó), y las dos palabras siguientes tienen como iniciales la letra *Alef* (א): *Elohim* (Dios), *Et* (el). En efecto, cuando el Santo, bendito sea, quiso crear el mundo, las letras se encontraban ocultas, como durante los dos mil años que precedieron a la Creación. Él las contemplaba y se deleitaba con ellas. Cuando quiso crear el mundo, todas las letras, pero en el orden inverso, se presentaron ante Él. Fue la letra *Tav* (ת) la primera que se presentó. Amo de los mundos —dijo ella—, si fuera tu deseo servirte de mí para llevar a cabo la creación del mundo, ya que yo formo la letra final de la palabra *Emet* ("verdad"), convendría al Rey comenzar por la letra final de la palabra *Emet* y servirse de ella para realizar la Creación. El Santo, bendito sea, le respondió: Tú eres en efecto digna, pero no es conveniente que me sirva de ti para realizar la creación del mundo, porque tú estás destinada a aparecer sobre la frente de los hombres fieles que han observado la ley desde la *Alef* hasta la *Tav*, pero, por otro lado, estás destinada a ser relacionada con la muerte porque constituyes la letra final de la palabra *mavet* ("muerte"). Por estas razones no me conviene servirme de ti para realizar la creación del mundo. La letra *Tav* salió inmediatamente. La letra *Shin* (ש) entró entonces y, después de formular la misma pregunta, defendió el valor de la inicial de la palabra divina *Shadai*,[1] que es una *Shin*; es conveniente, dijo ella, que se utilice la inicial del nombre sagrado *Shadai* para llevar a

---

[1] En la *Biblia de Jerusalén*, de donde se tomarán todas las citas, el nombre de Dios,

cabo la creación del mundo. Dios le respondió: En efecto, tú eres digna, buena y honesta. Pero los falsarios se servirán de ti para afirmar sus mentiras asociándote a las letras *Kof* (ק) y *Resh* (ר) para formar así la palabra *shéquer* ("mentira"). De estas palabras resulta que para hacer creer sus mentiras los mentirosos se ven obligados a mezclar también un principio de verdad. Por eso la palabra *shéquer* ("mentira") es el anagrama de la palabra *késher* ("nudo"), porque, para hacer creer las mentiras, el mentiroso está obligado a comenzar diciendo una verdad (*SH*) a la que después agrega una mentira (*K* y *R*) a fin de ponerlas en relación.[2] Además, aunque tú seas honesta, ¡oh letra *Shin*!, ya que los tres patriarcas se reunirán en ti,[3] no conviene que te utilice para realizar la Creación del mundo, puesto que serás a menudo asociada a las dos letras *Kof* y *Resh* que pertenecen al lado del mal. Cuando la letra *Shin* escuchó estas palabras salió [...] La letra *Mem* (מ) hizo saber que ella era la inicial de la palabra *melej* (rey). Es verdad, le respondió Dios, pero yo no me serviré de ti para realizar la creación del mundo, ya que el mundo necesita un rey; permanece entonces en tu lugar junto con las letras que forman la palabra *melej*, es decir, con la *Lamed* (ל) y con la *Caf* (ך), ya que no debe el mundo permanecer sin rey. En ese momento, la letra *Caf*, profundamente impresionada, descendió del trono glorioso y exclamó: Amo del universo, si fuera tu deseo servirte de mí para realizar la creación del mundo, ya que yo soy la inicial de la palabra que expresa tu gloria (*cabod*: gloria)... Cuando la letra *Caf* abandonó el trono, doscientos mil mundos así como el trono mismo se estremecieron; la sacudida fue tan violenta que amenazó con derrumbar todos los mundos. El Santo, bendito sea, dijo entonces a esta letra: Oh letra *Caf*, *Caf*, ¿por qué persistes en quedarte aquí? Regresa a tu lugar porque no me serviré de ti para realizar la Creación, por-

---

Shadai, aparece como *Sadday*. De ahora en adelante se utilizarán ambas formas según el contexto.

[2] Es importante hacer notar que la palabra *Késher* (nudo) está asociada con el orden mismo de las letras en el alfabeto hebreo. El nudo se establece porque las letras *Kof, Resh* y *Shin* aparecen en ese orden alfabético, hecho que da lugar a una interpretación tal que las concibe como ligadas o anudadas entre sí.

[3] Aquí se hace alusión al valor icónico de la letra, que contiene tres líneas, cada una equivalente a los nombres de los patriarcas Abraham, Isaac y Jacobo (ש). En otro contexto se dice que a la letra *Shin* se le agregará una línea más con el advenimiento del Mesías.

que tú eres la inicial de la palabra que expresa la exterminación: *calá* ("exterminio"). Regresa pues a tu trono y permanece ahí. La letra salió y regresó a su lugar [...] La letra *Bet* (ב) entró en seguida diciendo: Amo del Universo, si fuera tu deseo servirte de mí para realizar la creación del mundo, ya que yo soy la inicial de la palabra que sirve para bendecirte (*baruj*: bendito sea) en lo alto y en lo bajo. El Santo, bendito sea, le respondió: Es efectivamente de ti de quien me serviré para realizar la creación del mundo y tú serás así la base de la obra de la creación. La letra *Alef* (א) permaneció en su lugar sin presentarse ante Él. El Santo, bendito sea, le dijo: *Alef*, *Alef*, ¿por qué no te has presentado ante mí al igual que todas las letras? Ella respondió: Amo del Universo, al ver que todas las letras se presentaron ante ti inútilmente, ¿para qué habría yo de presentarme también? Además, como vi que ya habías otorgado a la letra *Bet* ese don precioso, comprendí que no era posible que el Rey celeste arrebatara un don de tal magnitud a uno de sus servidores para dárselo a otro. El Santo, bendito sea, le respondió: Oh *Alef*, *Alef*, no obstante que me serviré de la letra *Bet* para realizar la creación del mundo, tú tendrás tu compensación, ya que serás la primera de todas las letras y yo no encontraré la unidad sino en ti; tú serás la base de todos los cálculos, de todos los actos que se realicen en el mundo, y no se podrá encontrar la unidad en ninguna parte si no es en la letra *Alef*. De lo anterior resulta que el Santo, bendito sea, creó las formas de las grandes letras del mundo de abajo. Por eso las dos primeras palabras de la escritura tienen por inicial dos *Bet* (*Bereshit* y *Barah*), y las dos palabras siguientes, dos *Alef* (*Elohim* y *Et*), con el fin de indicar las letras celestes y las letras de este mundo de abajo, que no son en realidad más que las mismas letras con la ayuda de las cuales se realiza todo en el mundo celeste y en el mundo de aquí abajo. [*Zohar* I, 2b-3b.]

La letra *Bet*

Observen que el *Génesis* empieza con la palabra *Bereshit*. Rabí Yehuda dijo: Había dos templos, uno se encontraba en lo alto y el otro en lo bajo. Existen de la misma manera en el nombre de Yahveh dos *Hei*; una pertenece a lo alto y la otra a lo bajo, y las dos no forman sino una. La letra *Bet* (ב) tiene la particularidad de representar la forma de una casa con la puerta abierta, y si uno mueve la letra en todos los sentidos, su puerta permanece siempre abierta en todos los sentidos.[4] [*Zohar* I, 39ab.]

La *Bet* designa el principio femenino y la *Alef* designa el principio masculino. De estas dos letras surgieron todas las demás del alfabeto. [*Zohar* I, 30b.]

Dos comienzos

Y la Escritura agrega: "Es la puerta del Señor", ya que quienquiera que pase por la puerta no llegará nunca frente al Rey celeste que está escondido y es misterioso. Para llegar hasta ahí es necesario atravesar muchos palacios, elevados unos sobre otros, provistos de un gran número de puertas con sus cerraduras respectivas, de manera que para llegar a la "Sabiduría suprema" es necesario pasar por el temor de Dios, que es la puerta que da acceso a Él. He aquí el significado de *Be Reshit*: Existen dos comienzos (*Bet* = dos, *Reshit* = comienzos):[5] dos comienzos unidos. Existen dos puntos, uno escondido, el otro visible y conocido. No hay una separación entre ellos; por ello se emplea el singular *reshit*. [*Zohar* I, 7b.]

Zohar

En ese tiempo "el iluminado brillará como el esplendor del cielo" (*Deuteronomio* 12:3). ¿Qué es el "esplendor"? La gradación de

---

[4] Éste es un pasaje más donde el autor del *Zohar* justifica, a través del valor icónico de la letra *Bet*, el hecho de que haya sido ésta la primera letra que contribuyó a la creación del universo.

[5] En este caso, el autor utiliza dos métodos de interpretación que le permiten jugar con el sentido de la palabra *Bereshit*. Al tomar en cuenta el valor numérico de la letra *Bet* (*B*), es decir, dos, el término adquiere una significación diferente. *Reshit*, que significa "principio", alude en este juego interpretativo a la idea de la existencia de dos principios: uno, conocido por el hombre, y el otro, misterioso y aún por conocer.

Moisés, nuestro rabino, el "Pilar Central" (*Tiferet*), porque a partir de él este trabajo es llamado el *Libro del esplendor* (*Sefer-ha-Zohar*). [*Zohar Hadash, Tikunim*, 94b.]

Las seis direcciones

Bereshit está formado por las letras que constituyen las palabras *barah shit*,[6] para hacer alusión al misterio que se encierra en las palabras de la Escritura: "desde una extremidad del cielo hasta la otra extremidad del cielo", ya que existen seis direcciones celestes a las que corresponden las seis direcciones del mundo de aquí abajo; todas convergen en los tres puntos que representan la esencia divina, que a su vez no son más que uno. Es este sentido el que se encuentra encerrado en el nombre divino que tiene cuarenta y dos letras. [*Zohar* I, 15b.]

Las seis puertas

Rabí Hiyah y rabí José viajaban juntos. Cuando llegaron a una casa de campo, rabí Hiyah dijo a rabí José: La interpretación *barah shit* está ciertamente bien fundamentada, ya que encontramos en el *Génesis* las obras creadas durante seis días, no más; existen otras obras escondidas de las que se habla en un tratado sobre los misterios del *Génesis*. El Santo Misterioso grabó un punto, y en este punto encerró todo bajo una llave y esta llave lo encierra todo; es la llave lo esencial, la que abre y la que cierra. Este palacio encierra misterios, unos más grandes que otros. El palacio de la creación cuenta con cincuenta puertas; diez dan a cada uno de los puntos cardinales, lo que da como resultado cuarenta puertas. Nueve puertas dan al cielo y hay una que no se sabe si da acceso a lo alto o a lo bajo, por eso es misteriosa. Todas estas puertas tienen una única cerradura; hay un lugar donde cabe la llave, no podemos conocerla si no es por la llave. He aquí a lo que hace alusión el *Bereshit barah Elohim. Bereshit*[7] es la llave que lo encierra todo,

---

[6] Significa "creó seis".
[7] Ésta es la primera palabra de la Biblia, que significa "En el principio". Lo interesante

es ella la que abre y la que cierra las seis puertas que dan acceso a las seis direcciones y que, en consecuencia, las contiene. *Bereshit* contiene un nombre abierto, es decir, fecundo: *shit*,[8] al mismo tiempo que un nombre cerrado, es decir, estéril: *barah*.[9] [*Zohar* I, 3b.]

Masculino-Femenino

Sabemos por la tradición que las letras *Vav* y *Hei* están colocadas en orden alfabético, una junto a la otra, ya que la *Vav* es el símbolo del principio masculino (ו), mientras que la *Hei* es el símbolo del principio femenino (ה). Estos dos principios están unidos, como el marido y la mujer. Los dos no forman sino uno... [*Zohar* I, 94b.]

El cielo y la tierra

Observen que la gloria del Santo, bendito sea, se eleva más allá del entendimiento humano y es tan sublime que permanece eternamente en el secreto. Desde la creación del hombre no ha existido jamás quien haya podido penetrar en el fondo de Su sabiduría; de esta manera se mantiene oculta y misteriosa. La esencia de Dios es tan superior a la inteligencia de los ángeles y de los hombres que ni las legiones celestes ni los habitantes de este mundo pueden acercársele; todos están condenados a decir: "Bendita sea la gloria de Dios dondequiera que Él resida." Los seres que se encuentran aquí en el mundo de abajo dicen que Dios está en el mundo de arriba, ya que está escrito: "Su gloria se extiende por sobre toda la tierra." Y es la incertidumbre en la que se encuentran tanto los ángeles como los hombres respecto a la morada de Dios lo que hace decir a todos: "Bendita sea la gloria de Dios dondequiera que Él resida." [*Zohar* I, 2b.]

---

de este pasaje se halla en la necesidad del autor de justificar el que la Creación a partir de la *Torah* se inicie con la segunda letra del alfabeto hebreo y no con la primera, la *Alef.*

[8] Seis.

[9] Creó.

El Carro de Dios

Fue entonces cuando de esta luz surgieron los grandes árboles del Líbano y las veintidós letras se convirtieron en el Carro de Dios. [*Zohar* I, 29a.]

Las emanaciones I

"En el principio" (*Génesis* 1:1): en el mismo principio el Rey hizo impresiones en la pureza suprema.[10] Una chispa oscurecida brotó en lo cerrado, dentro de lo sellado, del misterio de *En-Sof*, un rocío en el interior de la materia, implantado en un anillo, no blanco, no negro, no rojo, no amarillo, de ningún color.[11] Cuando midió con el patrón de medida, creó los colores para dar luz.[12] Del interior de la chispa, de la parte más recóndita salió una fuente; de ella fluyen los colores que abajo se dibujan,[13] y es cosa sellada entre las selladas del misterio de *En-Sof*. Penetró, pero no penetró, su aire;[14] no era conocida en lo absoluto hasta que un solo punto sellado, supremo, por la presión de su penetración brilló.[15] Más allá de este punto no se conoce nada, y por eso es llamado *reshit* (principio): la primera palabra de todas.

"Los doctos brillarán como el fulgor (*zohar*) del firmamento; y los que enseñaron a la multitud la justicia, como las estrellas, por toda la eternidad" (*Daniel* 12:3). *Zohar*, sellado entre las cosas selladas, hizo contacto con su aire, el cual tocó, pero no tocó, el punto. Después el "principio" (*reshit*) se extendió y se hizo a sí

---

[10] *En-Sof*, aquí llamado "rey", empezó a emanar y a desarrollar sus poderes ocultos. Imprimió una tenue y oculta existencia en los poderes que más tarde habrían de ser revelados y que actuarían dentro del sistema de las *sefirot*. Nada se dice sobre el origen de esta pureza suprema y radiante que rodea y envuelve a *En-Sof*. Es la primera *sefirah* que, de acuerdo con el *Zohar*, preexiste junto con *En-Sof*.

[11] Ya que allí no hay formas que puedan manifestarse con diferentes colores.

[12] La chispa oscurecida es el patrón de medida: su función consiste en dar tamaño y límites a las fuerzas que han de ser reveladas en el mundo de la emanación, a fin de que puedan actuar como patrones en el control divino del mundo. La irradiación de los colores en el mundo superior es el principio de esta medición.

[13] De la fuente que surge de la chispa brotan los colores para disponer las *sefirot*.

[14] El aire primordial es un símbolo de la primera *sefirah*, *Keter*.

[15] Este punto es la segunda *sefirah*, *Jojmah*.

mismo un palacio,[16] para gloria y alabanza. Allí sembró la semilla santa a fin de engendrar retoños para beneficio del mundo. Este misterio está en el versículo "Semilla santa será su tocón" (*Isaías* 6:13). *Zohar*, que sembró semillas en su propio honor como la semilla de la seda que hace fina tela púrpura, es el que se cubre a sí mismo desde dentro y se hace un palacio, lo que trae alabanzas para él y beneficios para todos. Con esto *reshit*, el sellado, que no es conocido, creó este palacio. Este palacio se llama *Elohim*, y este misterio está en *Bereshit barah Elohim* (*Génesis* 1:1).[17] *Zohar* es aquello de lo que todas las palabras fueron creadas, por el misterio de la expansión del punto de este esplendor escondido. Puesto que la palabra *barah* (creó) es aquí usada, no es de extrañar que esté escrito "Creó, pues, Dios al ser humano a imagen suya" (*Génesis* 1:27).

Zohar; este misterio se encuentra en *bereshit*: aquello que precede a todo, cuyo nombre es *Ehyeh*, un nombre sagrado grabado en sus extremidades; *Elohim* grabado en la corona;[18] *Asher*, un palacio oculto y escondido, el principio del misterio de *reshit*; *Asher*, la cabeza (*rosh*) que emerge de *reshit*.[19] Y cuando, después de esto, el punto y el palacio se establecieron juntos, entonces *bereshit* comprendió la suprema *reshit*,[20] de acuerdo con los principios de la sabiduría. Por consiguiente fue cambiada la forma del palacio y llamado "casa" (*bayit*), el punto supremo fue llamado "cabeza" (*rosh*), uno y otro comprendidos en el misterio de la palabra *bereshit*,[21] cuando todo junto formaba una unidad antes de que la casa fuera habitada. Cuando la semilla fue sembrada para habitar fue llamada *Elohim*, escondido y oculto.[22] *Zohar*, oculto y apartado hasta que la construcción comenzó en su interior, con el fin de producir descendencia, y la casa permaneció mientras el proceso de la "santa semilla" se desarrollaba. Pero antes de ser fecundada, y antes de que comenzara el proceso de habitación, no

[16] Ésta es la tercera *sefirah*, *Binah*.

[17] Que ha de traducirse aquí: "con *reshit* creó *Elohim*".

[18] *Elohim* se asigna al palacio (*Binah*), pero también representa la última *sefirah* (*Maljut*), que es llamada "realeza".

[19] *Asher* es anagrama de *rosh*, que es el principio de la palabra *reshit*.

[20] El principio de las *sefirot* inferiores.

[21] Compuesto por las letras *bayit* y *rosh*. (Cfr. prólogo.)

[22] El nombre *Elohim* denota varias *sefirot*; en éstas se encuentra escondido, porque por lo general es llamado *YHVH*, con la vocalización de *Elohim*.

se llamaba *Elohim*, sino que todo estaba comprendido en la generalidad de *bereshit*. Una vez que se estableció bajo el nombre de *Elohim* produjo los retoños de las semillas que habían sido sembradas en ella. ¿Qué eran estas semillas? Letras grabadas, el misterio de la *Torah*, que emergió de aquel punto.[23] El punto sembró la semilla de tres vocales en el palacio: *holem, shurek, hirek,* y estaban comprendidas una dentro de la otra y se hicieron un solo misterio: una voz que surgió de una sola combinación.[24] Cuando surgió su compañera[25] emergió con ella: comprendía todas las letras,[26] como está escrito: *et ha-shamayim* ("los cielos") —la voz y su compañera.[27] Esta voz, que es "los cielos", es la última *ehyeh. Zohar*, que comprende todas las letras y todos los colores: *YHVH Elohenu YHVH;*[28] he aquí tres niveles que representan este misterio supremo.

Bereshit barah Elohim ("En el principio Dios creó"). *Bereshit,* un misterio primigenio; *barah,* un misterio escondido del cual todo brota; *Elohim,* un misterio que sirve de apoyo a todo lo de abajo. *Et ha-shamayim* ("los cielos"), a fin de no separar al macho de la hembra, pues están unidos.[29] Cuando Él tomó todas estas letras *Et* las comprendía a todas, el principio y el fin. Después la letra *Hei* fue añadida para combinar las letras con ella, y fue llamada *atah* ("tú"), y de ello se dice: "Todo esto tú lo animas" (*Nehemías* 9:6). *Et,* el misterio de *Adonai,* y así es llamado;[30] *ha-shamayim* es *YHVH,* el misterio más alto.[31] *Ve-et,* la disposición de macho y hembra; *ve-et,* el misterio de *va-YHVH,* y todo es uno. *Ha-aretz,*

---

[23] La suprema *Torah* emanó de ese punto, que es también el Pensamiento divino.

[24] Las letras y los signos vocálicos se unen para formar la voz, que es la *sefirah Tiferet,* también llamada "la *Torah* escrita".

[25] La *Shejinah,* es decir, la *sefirah Maljut,* que es el símbolo místico del habla, llamada también "la *Torah* oral".

[26] Su símbolo es la palabra *et,* que es una combinación de dos letras: *Alef* y *Tav,* la primera y la última letras del alfabeto hebreo.

[27] *Tiferet,* llamada *shamayim,* y *Maljut,* llamada *et.*

[28] Los tres nombres divinos que aparecen en el primer verso de la *Shema* (*Deuteronomio* 6:4), que contiene el misterio de la unidad de Dios.

[29] *Tiferet* y *Maljut* son, místicamente hablando, el macho y la hembra en Dios, emergieron unidos: son una sola entidad con dos caras. Quien los separe destruirá la unidad del Dios capital.

[30] El nombre dado específicamente a *Maljut.* Se pronuncia exactamente como se escribe; es revelado en su totalidad.

[31] *Tiferet,* que ocupa una posición más alta que *Maljut.*

éste es *Elohim*, en el modelo del mundo superior,[32] para hacer frutas y hierbas. Este nombre está incluido en tres lugares,[33] y de ahí el nombre se extiende por diversos lados.[34]

Hasta aquí el secreto del misterio más profundo, que Él grabó, construyó y sostuvo de manera oculta a través del misterio de un verso. De aquí en adelante: *bereshit-barah shit* ("creó seis") "...desde un extremo a otro del cielo" (*Deuteronomio* 4:32): los seis extremos que se extienden a partir del misterio supremo, a través de la extensión que Él creó del punto primigenio.[35] *Barah*, extensión del punto en lo alto. Y aquí fue grabado el misterio del nombre de cuarenta y dos letras.

"Los doctos brillarán..." como los acentos musicales.[36] Las letras y los puntos vocálicos los siguen en su canto y se mueven a voluntad suya, como un ejército a voluntad del rey. Las letras[37] son el cuerpo, y los puntos vocálicos, el espíritu. Todas ellas, en sus viajes, siguen a los acentos y ocupan sus lugares. Cuando avanza el canto de los acentos, las consonantes y las vocales van tras él, y cuando se detiene dejan de moverse y permanecen en sus puestos.

"Los doctos brillarán...": las consonantes y las vocales; "como el fulgor": el canto de los acentos; "del firmamento": la extensión del canto, como aquellos que prolongan y continúan el canto; "y los que enseñaron a la multitud la justicia": éstas son las pausas entre los acentos, que se detienen en sus viajes y, como resultado, se escucha el habla.[38] "Brillarán": es decir, las consonantes y las vocales brillarán juntas en sus viajes, en un misterio escondido, en un viaje por caminos ocultos. Todo brota de esto. [*Zohar* I, 15a-15b.]

---

[32] En el modelo de *Binah*, que también se llama *Elohim*.

[33] *Binah*, *Gevurah* y *Maljut* reciben el nombre de *Elohim*.

[34] En la Biblia, hasta a sustancias no divinas se les da el nombre de *Elohim*, tanto en el dominio sagrado como en el profano: ángeles, jueces, ídolos, etcétera.

[35] Las seis *sefirot* son llamadas las seis "extremidades"; es decir, los cuatro puntos cardinales, el reino de arriba y el reino de abajo. En el centro está *Tiferet*, llamada *shamayim* (cielo).

[36] La variación de los acentos, que clarifica el sentido de las palabras, es como una luz brillante que ilumina el camino de las letras y los puntos vocálicos.

[37] Se refiere sólo a las consonantes.

[38] Porque, al interrumpir el fluir de las notas, establecen el correcto fraseo de las palabras.

Las emanaciones II

Ay de aquel que Lo compara[39] con cualquier atributo, incluso con los atributos que Él posee, no ya con la humanidad, que habita "estas casas de arcilla, ellas mismas hincadas en el polvo" (*Job* 4:19), y que se marchita y desaparece. La imagen que tenemos de Él simplemente concuerda con Su dominio sobre ese atributo en particular, e incluso sobre todas las criaturas. Pero, más allá de ese atributo, una vez que se ha desprendido a Sí mismo de él, Él no tiene ni atributo ni imagen ni forma. Es como el mar, cuyas aguas no pueden ser apresadas, no tienen forma. Pero cuando las aguas del mar se encuentran en una vasija (la Tierra) se forma una imagen y podemos hacer el siguiente cálculo: el origen del mar es uno, un manantial brota de él a medida que se extiende por la vasija en un círculo (*Yod*); y de esa manera tenemos el origen: uno; y, sumado al manantial que brota de él: dos. Después de esto Él forma un gran canal, como quien cava una gran fosa que se llena con el agua que sale del manantial. Este canal se llama "mar", y es la tercera vasija. Y esta enorme vasija está dividida en siete canales largos; así las aguas del mar se separan en siete corrientes. Entonces tenemos una fuente, un manantial, un mar y siete corrientes: un total de diez. Si el artesano rompiera las vasijas que ha preparado, las aguas correrían hacia la fuente y quedarían vasijas rotas, secas, sin agua. Así, la Causa de las causas hace diez *sefirot*, y llama a *Keter* "origen", y no hay límite para el brotar de su luz, y por tanto se llama a sí mismo *En-Sof*.[40] Pero no tiene imagen ni forma, y no hay ahí vasija alguna que Lo contenga o que ayude a obtener un conocimiento de Él. Por todo esto se ha dicho: "No preguntes acerca de lo que es demasiado maravilloso para ti, y no sondees en lo que está oculto." Después Él fabrica una vasija pequeña, *Yod*, que se llena de Él, y la llama "manantial que brota sabiduría". Se llama a Sí mismo, dentro de ella, "sabio", y a la vasija la llama *Jojmah* ("sabiduría"). Luego fabrica una gran vasija y la llama "mar", y la llama *Binah* ("entendimiento"), y se llama a Sí mismo, dentro de ella, "entendedor". Él es sabio por derecho propio, y entendedor por derecho propio; pero *Jojmah* no se llama

[39] Compara a *En-Sof*.
[40] *En-Sof*, "sin fin", significa el fluir infinito en *Keter*, o sea, el sin fin de Dios.

Jojmah por derecho propio, sino por El Sabio que la llena de Su manantial. Y *Binah* no se llama *Binah* por derecho propio, sino por El Entendedor que la llena de Sí mismo, ya que si Él se alejara la dejaría seca. Éste es el significado de "Podrán agotarse las aguas del mar, sumirse los ríos y secarse" (*Job* 14:11). Por consiguiente "lo partirá en siete arroyos" (*Isaías* 11:15); Él hace las siete vasijas preciosas y las llama: *Gedulah* ("grandeza"), *Gevurah* ("poder"), *Tiferet* ("belleza"), *Netzah* ("eternidad"), *Jod* ("majestad"), *Yesod* ("fundación"), *Maljut* ("reino"). Y Él se llama a Sí mismo "Grande" en *Gedulah*, "Amoroso" en *Jesed*, "Poderoso" en *Gevurah*, "Bello" en *Tiferet*, "Victorioso en la batalla" en el duradero *Netzah*,[41] en *Jod* se llama a Sí mismo "La Gloria de nuestro Creador", y en *Yesod* se nombra a Sí mismo "Recto". En cuanto a *Yesod*, todo depende de Él, todas las vasijas y todos los mundos.[42] Y en *Maljut* se llama a Sí mismo "Rey". A Él pertenecen "la grandeza, la fuerza, la magnificencia, el esplendor y la majestad" (I *Crónicas* 29:11), pues suyo es "cuanto hay en el cielo y en la tierra", Suyo es el reino, que es *Maljut*. Todo está en Su poder: verter influencia en las vasijas o sacar de ellas de acuerdo con Su voluntad; y no hay dios por encima de Él que pueda añadirle o quitarle nada. [*Zohar* II, 42b-43a.]

Las emanaciones III

Elías empezó; dijo: Maestro de los mundos, eres uno, pero no en número. Eres el más alto de los altos, el secreto de todos los secretos, estás del todo fuera del alcance del pensamiento. Eres Aquel que produjo diez *tikunim*, que llamamos *sefirot*, a fin de dirigir a través de ellas los mundos no revelados, así como los mundos revelados. Por medio de ellas Tú te ocultas de la humanidad;[43] Tú las relacionas y las unes. Y, puesto que Tú estás en ellas, quienquiera que separe una de la otra estará haciendo una separación en Ti.

---

[41] *Netzah* significa "victoria", así como "eternidad".

[42] A *Yesod* se le llama *Kol* ("todo").

[43] *En-Sof* se cubre a sí mismo con las *sefirot*, que constituyen etapas de su revelación, porque sin esta cobertura las regiones inferiores serían incapaces de aprehenderlo en su totalidad.

El orden en que se encuentran estas diez *sefirot* es: una larga, una corta y una intermedia. Tú eres quien las dirige, y no hay quien te dirija a Ti, ni arriba ni abajo ni en ningún sitio. Has preparado vestiduras para ellas,[44] cuyas almas vuelan hacia los hijos de los hombres.[45] Has preparado para ellas varios cuerpos, llamados así cuando se les considera en relación con las vestiduras que los cubren. Y se les llama, de acuerdo con esta estructura, de la siguiente manera: *Jesed* (brazo derecho), *Gevurah* (brazo izquierdo), *Tiferet* (torso), *Netzah* y *Jod* (las dos piernas), *Yesod* (la consumación del cuerpo, el signo de la santa alianza);[46] *Maljut* (boca, llamada la *Torah* oral).[47] El cerebro es *Jojmah*, el pensamiento interior; *Binah* es el corazón, del cual se dice: "el corazón entiende". De los dos últimos está escrito: "Las cosas secretas pertenecen a Yahveh nuestro Dios" (*Deuteronomio* 29:28). El supremo *Keter* es la corona de realeza (*Maljut*), de la cual se dice: "Yo anuncio desde el principio lo que viene después" (*Isaías* 46:10), y es la diadema (*Jojmah*) del *tefilin*. Hacia adentro es *Yod*, *Hei*, *Vav*, *Hei*, que es el sentido de la emanación.[48] Es la fuente que riega el árbol con sus brazos y sus ramas: como el agua que riega el árbol, que crece gracias al riego.[49]

Maestro de los mundos, Tú eres la Causa de las causas, la Causa Primera que riega el árbol con un manantial, y este manantial es como el alma para el cuerpo, porque es la vida del cuerpo. En Ti no hay imagen o semejanza ni de lo que está adentro ni de lo que está afuera. Tú creaste el cielo y la tierra, y de ellos sacaste el sol y la luna, las estrellas y los planetas; los árboles y pastos, el Jardín del Edén y las bestias salvajes, las aves, los peces y los hombres, para que a través de ellos pudieran ser conocidos los reinos supe-

---

[44] Las *sefirot* de los mundos de *beriyah*, *yetzirah* y *asiyah* se consideran como el cuerpo de las *sefirot* que están debajo de ellas, y como la vestidura de las que están sobre ellas.

[45] Según el autor de *Tikkunei ha-Zohar*, las partes inferiores del alma se originan en estos mundos.

[46] La alianza de la circuncisión.

[47] El misterio del habla (llamada la *Torah* oral en contraste con *Tiferet*, que es la *Torah* escrita).

[48] La parte más interior de *Keter* es el tetragrama, deletreado en su totalidad: diez letras que representan las diez *sefirot* y que reciben influencia de la luz de *En-Sof*.

[49] La luz interior de *Keter* riega a *Tiferet*, que es el árbol de las emanaciones, y a las *sefirot* inferiores, que son las ramas y los brazos del árbol.

riores, la forma en que son gobernados y cómo pueden ser distinguidos.

No hay nadie que sepa nada de Ti; salvo Tú no existe ni singularidad ni unidad en los mundos superiores o inferiores; eres reconocido como el Señor de todos. En cuanto a las *sefirot*, cada una tiene un nombre conocido, y con ellas se designa a los ángeles, pero Tú no tienes nombre conocido, pues llenas todos los nombres y eres la perfecta realización de todos ellos. Y cuando te desprendes de ellos todos quedan como cuerpos sin almas.

Eres sabio, pero Tu sabiduría no es conocida; comprendes, pero Tu comprensión no puede conocerse. No tienes un lugar conocido, salvo aquel que habla a los hijos de los hombres sobre Tu fuerza y poder, y les muestra cómo el mundo es conducido con justicia y misericordia, que son la rectitud y la ley, de acuerdo con los hechos de los hijos de los hombres. La justicia es *Gevurah*; la ley, el pilar central (*Tiferet*); la rectitud, el santo *Maljut*; las escalas de la rectitud, los dos pedestales de la verdad (*Netzah* y *Jod*); la recta medida, el signo de la alianza (*Yesod*). Todo esto es para mostrar cómo es conducido el mundo, y no significa que Tú tienes una rectitud conocida, que es la justicia, ni una ley conocida, que es la misericordia, ni cualquiera de estos atributos en lo absoluto. [*Tikkunei ha'Zohar*, 17a-17b.]

Las letras *Yod, Hei, Vav*

Rabí Simón dijo: Hemos aprendido ya que cuando el Santo, bendito sea, creó el mundo, grabó los misterios de la fe[50] en los resplandores de los misterios supremos. Grabó arriba, y grabó abajo, y todo fue parte de un solo misterio: el misterio de las impresiones del santo nombre, *Yod-Hei-Vav-Hei*,[51] que gobierna con sus letras arriba y abajo, y por medio de este misterio fueron completados los mundos: el mundo de arriba y el mundo de abajo. El mundo de arriba fue completado por el misterio de la letra *Yod*, el punto supremo, el primero, que emergió de lo oculto y escondido, que es desconocido e incognoscible, y se encuentra absolutamente más

---

[50] Las *sefirot*.
[51] *Yod* (Y), *Hei* (H), *Vav* (V), *Hei* (H): las cuatro consonantes del nombre **Yahveh**.

allá del conocimiento, el supremo misterio de *En-Sof*. Y de este secreto surgió un solo rayo brillante, fino y oculto, que contenía en sí mismo la suma de todas las luces.[52] Y en el rayo oculto tocó lo que no había tocado, y brilló lo que no había brillado, y entonces produjo un solo rayo, que fue placer por placer,[53] y se deleitó con ello y el rayo fino, oculto, fue escondido dentro de este rayo. En cuanto al rayo que es placer por placer, escondido, se bordaron en él seis dibujos como decoración. La fina luz los conoció sólo una vez que entró para estar escondida, el placer en el placer, brillando iluminada. Y este rayo que emergió del rayo fino era pavoroso y terrible y poderoso en extremo. Se extendió y un mundo fue creado,[54] un mundo que ilumina todos los mundos, un mundo secreto, completamente desconocido, y en él habitan sesenta millones: habitantes de altos y celestiales campamentos. Cuando las había producido y se completaron como una sola, se dio una inmediata unión. Ellas son el misterio de la letra *Vav*, que estaba unida a aquel mundo secreto.[55] [*Zohar* II, 126b-127a.]

El habla y el aliento

Rabí Isaac empezó citando: "¡Cuán numerosas tus obras, Yahveh! Todas las has hecho con sabiduría, de tus criaturas está llena la tierra" (*Salmos* 104:24). En varios lugares han explicado este versículo, pero, ¿quién puede enumerar las obras del Santo, bendito sea? Pues Él creó muchos habitantes y campamentos en el mundo, diferentes entre sí, demasiado numerosos para ser contados, y todo al mismo tiempo —como un martillo que saca chispas en todas direcciones al mismo tiempo.

Vengan y vean. Con el habla y con el aliento juntos fue hecho el mundo, como está escrito: "Por la palabra de Yahveh fueron hechos los cielos, por el soplo de su boca toda su mesnada" (*Sal-*

---

[52] *Jojmah*, que contiene a todas las *sefirot*.

[53] *Jojmah*, que es *edén* (el placer), recibe placer de *Binah* mediante el misterio de la cópula.

[54] Las *sefirot*, que eran como un embrión, ocultas todavía en el vientre oculto de *Binah*.

[55] Las seis *sefirot*, tomadas en su conjunto, constituyen la letra *Vav* (que tiene un valor numérico de seis). Cuando se unen a las letras *Yod* y *Hei* (*Jojmah* y *Binah*) forman el nombre divino: *Yod, Hei, Vav* (es decir, *YHVH*).

mos 33:6). "Por la palabra de Yahveh" se refiere al habla. Y "por el soplo de su boca" se refiere al aliento. El uno no procedió sin el otro, y en el uno estaba incluido el otro, y de ellos salieron habitantes y habitantes, campamentos y campamentos, todos al mismo tiempo.

Vengan y vean. Cuando el Santo, bendito sea, quería crear el mundo produjo una sola luz escondida para que de esta luz surgieran y brillaran todas las luces reveladas, para que las otras luces salieran de esta luz, se extendieran y se formaran; esto fue el mundo de arriba. Esta luz se extendió de nuevo y formó al artesano, la luz que no brilla, y se creó el mundo de abajo. Y como es una luz que no brilla buscó vincularse con los reinos de abajo y, a través del vínculo inferior, recibir iluminación por el vínculo superior. Y así la luz que no brilla produjo habitantes y campamentos de muy diversos tipos, gracias al vínculo de arriba. Éste es el significado de "¡Cuán numerosas tus obras, Yahveh!" Cualquier cosa que haya en la tierra tiene su paralelo en el mundo de arriba. No hay una sola cosa en el mundo, por pequeña que sea, que no dependa de otra cosa más alta que le fue asignada desde arriba, pues cuando la cosa de abajo se despierta, la que le es asignada desde arriba también se despierta, ya que todo está interrelacionado. [*Zohar* I,156a-156b.]

"Creación" y "Hechura"

Rabí Tanhum empezó citando: "Así dice el Dios Yahveh, el que crea los cielos y los extiende" (*Isaías* 42:5). Cuando el Santo, bendito sea, creó sus mundos, los creó de la nada: los hizo reales, sacó substancia de ellos. Siempre se usa la palabra *barah* (creó) para algo que Él creó, que trajo a la existencia de la nada.

Rav Hisdah dijo: ¿De verdad fueron los cielos creados de la nada? ¿No fueron creados de la luz de arriba?

Rabí Tanhum dijo: Así es. El cuerpo de los cielos fue creado de la nada, pero su forma fue creada de algo con substancia.[56] Y así sucedió con el hombre. Entonces tenemos, por un lado, "Creación", usada para los cielos; y por otro "Hechura". "Creación":

---

[56] De la luz suprema.

"Crea los cielos"; es decir, los saca de la nada. Y "Hechura": "Hizo los cielos con inteligencia" (*Salmos* 136:5), o sea, con una substancia, la luz de arriba.

Rabí Tanhum también dijo: "Hechura" es la preparación de algo con la magnitud, estatura y cantidad que corresponde, como está dicho: "David se hizo famoso" (II *Samuel* 8:13). [*Zohar* I, 17b.]

La derecha y la izquierda

Rabí Simón dijo: Ay de la humanidad, pues que no ve y no comprende. Cuando se alzó con su pensamiento ante el Santo, bendito sea, para crear Su mundo, todos los mundos se alzaron en un solo pensamiento, y con este pensamiento fueron todos creados. Éste es el significado de "Todas las has hecho con sabiduría" (*Salmos* 104:24). Y con este pensamiento, que es la sabiduría (*Jojmah* o *Maljut*), fueron creados este mundo y el mundo de arriba. Extendió su mano derecha y creó el mundo de arriba. Extendió su mano izquierda y creó este mundo. Éste es el significado de "Sí, es mi mano la que fundamentó la tierra, y mi diestra la que extendió los cielos. Yo los llamo y todos se presentan" (*Isaías* 48:13). Todos fueron creados en un solo momento, al mismo tiempo, y Él hizo que este mundo se correspondiera con el mundo de arriba. Cualquier cosa que exista arriba tiene su contraparte abajo, y cualquier cosa que exista abajo tiene su contraparte en el mar, y todo es uno. [*Zohar* II, 20a.]

LA *TORAH*

La *Torah* sostiene al mundo

Rabí Hiyah empezó citando: "¿Quien dirá las proezas de Yahveh, hará oír toda su alabanza?" (*Salmos* 106:2). Vengan y vean. Cuando el Santo, bendito sea, concibió la idea de crear el mundo y trató de hacerlo, volvió los ojos hacia la *Torah*,[1] y después lo creó. Éste es el significado de "Yo estaba allí, como arquitecto (*amón*), y era yo todos los días su delicia" (*Proverbios* 8:30). No debe leerse *amón* sino *amán* (artesano).[2]

Cuando trató de crear al hombre, la *Torah* le dijo: Si el hombre es creado junto con sus pecados, y Tú lo castigas, la obra de Tus manos se convertirá en nada, porque él no será capaz de soportar Tu castigo.

El Santo, bendito sea, dijo a la *Torah*: Sí, pero antes de crear el mundo he considerado el arrepentimiento.

El Santo, bendito sea, dijo al mundo después de haberlo creado junto con el hombre: Oh mundo, mundo, tú y tus leyes pueden sostenerse solamente a través de la *Torah*. Por eso he creado al hombre para que viva en ti y pueda así estudiarla. Pero si no lo hace te regresaré al caos.

Todo existe para el bien del hombre. Éste es el significado de "Yo hice la tierra y creé al hombre en ella" (*Isaías* 45:12). La *Torah* llama continuamente al hombre a estudiar y a ocuparse de ella, pero nadie le presta atención. [*Zohar* I, 134a-135a.]

---

[1] En este caso se refiere a la *Torah* oral que ya existía antes de la Creación.

[2] De nuevo, encontramos aquí la posibilidad de interpretar de manera diferente una misma palabra, debido al carácter consonántico de la escritura hebrea.

El estudio de la *Torah*

Rabí José empezó citando "Del maestro de coro. Sobre la cierva de la aurora" (*Salmos* 22:1). Qué preciosa es la *Torah* para el Santo, bendito sea, ya que cualquiera que estudie la *Torah* es amado en el mundo de arriba y en el de abajo; el Santo, bendito sea, escucha sus palabras y no las abandona en este mundo ni en el mundo por venir. Uno debería estudiar la *Torah* día y noche, como está escrito: "Meditarás sobre esto día y noche" (*Josué* 1:8) y también está escrito: "Si no he creado el día y la noche..." (*Jeremías* 33:25). Puede entenderse la razón para estudiar durante el día; pero, ¿por qué de noche? Para que el santo nombre sea perfeccionado. De la misma manera en que no existe el día sin la noche, y uno no está completo sin la otra, el hombre debe preocuparse por la *Torah* día y noche, de manera tal que la perfección esté con él día y noche.

Ya ha sido explicado que la noche es, en esencia, el periodo que va de la medianoche en adelante, aunque el periodo anterior también lo es. En efecto, a medianoche el Santo, bendito sea, entra en el Jardín del Edén para deleitarse con las almas de los rectos, y es entonces cuando el hombre debe levantarse para estudiar la *Torah*. Y ya ha sido explicado que el Santo, bendito sea, y todos los hombres rectos en el Jardín del Edén, escuchan su voz. Éste es el significado de "¡Oh tú, que moras en los huertos, mis compañeros prestan oído a tu voz!: ¡Deja que la oiga!" (*Cantar de los cantares* 8:13), y ya lo han interpretado. "Tú, que moras en los huertos": esto es, la Asamblea de Israel;[3] que alabas al Santo, bendito sea, por la noche con la alabanza de la *Torah*. Bendita es la parte del hombre que se asocia a ella en alabanza del Santo, bendito sea, con la alabanza de la *Torah*. Y cuando se acerca el amanecer la Asamblea de Israel viene a hablar con el Santo, bendito sea, y Él le ofrece el cetro de Amor (*Jesed*), y no sólo para su beneficio, sino para ella y para todos aquellos relacionados con ella.[4] Esto ha sido explicado a partir del versículo "De día mandará Yahveh su gracia, y el canto que me inspire por la noche será una oración al

---

[3] Se refiere a la *Shejinah*, que en este caso concreto adquiere el sentido de Asamblea o Comunidad de Israel.

[4] Aquellos que estudian la *Torah* por las noches se benefician del flujo de la influencia que desciende de *Yesod* (que representa el órgano sexual masculino) hacia la *Shejinah*.

Dios de mi vida" (*Salmos* 42:9). Por eso se le llama "la cierva del alba".

Rabí Simón dijo: Justo antes de que el día empiece a aclarar hay una gran oscuridad, está muy oscuro, extremadamente negro. Entonces una mujer se une a su esposo, como hemos escuchado "(A la primera mirada el burro rebuzna, a la segunda, los perros ladran, a la tercera, el niño mama de los senos de su madre, y...), la mujer habla con su esposo" —para conversar con él, y ella entra en su palacio. Posteriormente, justo antes de que el sol se ponga, se hace luminoso y la noche se lo lleva. Entonces todas las puertas se cierran, los burros rebuznan y los perros ladran. A medianoche el Rey empieza a llamar, la Consorte a cantar, y el Rey toca a las puertas del palacio y dice: "Ya he entrado en mi huerto, hermana mía, novia..." (*Cantar de los cantares* 5:2), y entonces él se deleita con las almas de los virtuosos.

Bendita es la porción de los hombres que se encuentran despiertos a esa hora con palabras de la *Torah*, ya que todos los sirvientes en el palacio de la Consorte debieran levantarse para alabar al Rey. Todos Le ofrecen alabanzas y la alabanza que asciende de este mundo, que es el más lejano, es la más placentera de todas para el Santo, bendito sea. Cuando la noche desaparece y el día empieza a caer en la oscuridad, el Rey y su Consorte se unen secretamente con alegría, y Él le ofrece regalos a ella y a los sirvientes de Su palacio. Bendita sea la porción de los hombres que se encuentran entre ellos.[5] [*Zohar* II, 46a.]

Leer la *Torah*

Rabí Simón dijo: Cuando se extrae del Arca el rollo de la *Torah* para ser leído a la congregación, las puertas de la misericordia celeste se abren y surge el amor en el mundo superior. El hombre debe decir lo siguiente: "Bendito es el nombre del Maestro del mundo. Bendita es Tu corona y Tu morada. Que Tu voluntad acompañe al pueblo de Israel para siempre. Muestra la redención de Tu

---

[5] Es decir, entre los que estudian la *Torah*.

mano derecha[6] a Tu pueblo en el santuario sagrado, tráenos algo de la bondad de Tu luz y recibe nuestra plegaria con misericordia. Que sea Tu voluntad el prolongar nuestra vida con amor y que yo, tu sirviente, sea incluido entre los justos, para que Tú seas misericordioso conmigo y nos cuides a mí, a mi familia y a todas las familias de Tu pueblo Israel. Tú solo alimentas y sostienes, Tú eres el soberano de todo, Tú gobiernas sobre reyes y el reinado es Tuyo. Yo soy un sirviente del Santo, bendito sea, y me inclino ante Él y ante la gloria de Su *Torah* en todo momento. No confío en el hombre ni creo en un hijo de Dios,[7] sólo confío en el Dios del cielo, que es el verdadero Dios, Cuya *Torah* es verdadera, Cuyos profetas son verdaderos y que es generoso en amor y bondad. En Él pongo mi confianza, expreso alabanzas a Su sagrado y glorioso nombre. Que sea Tu voluntad el que mi corazón se abra a la *Torah*, dame hijos que hagan Tu voluntad, que realicen los deseos de mi corazón y de los corazones de todo Tu pueblo de Israel, para bien de por vida y por la paz. Amén."

El rollo de la *Torah* debe ser leído únicamente por una sola persona, y todos deben escucharlo en silencio para que puedan oír las palabras que surgen de su boca, como si estuvieran recibiendo en ese momento la *Torah* en el monte Sinaí. Otro hombre debe permanecer al lado del que está leyendo la *Torah*, pero debe permanecer en silencio, de manera que sólo se oiga una sola voz y no dos. La lengua sagrada es una, no dos. Y si hay dos voces en relación con el rollo de la *Torah*, el misterio de la fe se debilita. La gloria de la *Torah* se debilita a través del rollo de la *Torah*.

Se necesita de una voz y de un traductor; el misterio de esto es la concha y la almendra: este mundo y el mundo venidero. Todos permanecen en silencio y uno lee, como está escrito: "Entonces pronunció Dios todas estas palabras diciendo..." (*Éxodo* 20:1). Él está arriba y todo el pueblo abajo, como está escrito: "Y se detu-

---

[6] La mano derecha remite a la misericordia divina, mientras que la mano izquierda está asociada con el rigor, la mano dura y el juicio divinos.

[7] Podemos deducir de este pasaje que el autor hace alusión a la figura de Cristo como hijo de Dios. Resulta interesante este tipo de comentarios pues, como se verá más adelante, la influencia del concepto del Dios trinitario del cristianismo tuvo un impacto certero en la concepción cabalística de la estructura trinitaria de las *sefirot*. (Véase Yehuda Liebes, *Studies in the Zohar*.)

vieron al pie del monte" (*ibid*. 19:17) y está escrito: "Moisés subió hacia Dios" (*ibid*. 1:3).[8]

Quienquiera que lea la *Torah* debe concentrarse con todo su corazón y su mente en las palabras que está leyendo, ya que él es el vehículo de Su Maestro para presentar y transmitir las palabras al pueblo. Él tiene un modelo celestial. Por lo tanto, el hombre que lee la *Torah* debe primero ensayar las palabras en casa. Y si no lo hace, no debería leer la *Torah*. ¿Cómo sabemos esto? Por la revelación misma. Antes de que la *Torah* fuera transmitida a la gente santa, está dicho que: "La estableció y la escudriñó" (*Job* 28:27) y sólo entonces dice: "Y dijo al hombre: 'Mira, el temor de Dios es la Sabiduría'..." (*ibid*. 28).

Quien lea la *Torah* debe leer cada sección y, de hecho, cada palabra exactamente como Moisés la leyó al pueblo santo, y no debe leer parte de una sección que corresponde a un *Shabat* en otro *Shabat*. La razón de esto es que cuando se delimitaron las diversas secciones, cada una se adornó a sí misma y se presentó ante el Santo, bendito sea. Cuando se puso orden a las secciones de todo el año, ellas mismas se adornaron para presentarse ante el Santo, bendito sea, y dijeron: "Yo pertenezco a este preciso *Shabat*." Entonces el Santo, bendito sea, llamó a Yofiel, el jefe asignado, y a los cincuenta y tres Carros sagrados que estaban bajo sus órdenes y los envió a celebrar los oficios divinos de la *Torah*. Asignó a cada Carro un propósito particular. A cada Carro se le asignó una sección del *Shabat* y cada uno celebró los oficios divinos de la *Torah* en su *Shabat* específico. Está prohibido confundirlos y así poner en contacto un Carro con el siguiente, aunque sea por un instante, o a través de una palabra o una sola letra. Cada sección debe ser leída de la manera en que el Santo, bendito sea, las delimitó y les distribuyó sus cargos respectivos.

Consecuentemente, cuando se adorna una sección, las palabras de la sección que ha sido completada por la congregación se elevan y son recibidas por el Carro que ha sido asignado para esa sección específica, y el Carro las conduce hacia arriba ante el Santo, bendito sea. Las verdaderas palabras se presentan ante Él y dicen: "Yo soy la sección tal y tal, que la congregación tal y tal ha

---

[8] En ninguna de las dos citas anteriores hay una correspondencia entre el texto y la Biblia. Para efectos de la interpretación, mantengo la cita original del texto.

completado." Si se realizó de manera apropiada, las palabras se elevan al trono sagrado y su Carro celebra los oficios divinos. Cada Carro celebra los oficios que corresponden a su propia sección y todos se hallan adornados dentro del trono sagrado. Éste asciende a través de ellos para lograr la unión en los reinos superiores y todo se convierte en una única entidad.

Por lo tanto, bendita es la porción del hombre que completa la sección de cada *Shabat* de la manera apropiada, así como fueron delimitadas en el mundo superior. [*Zohar* II, 206a-206b.]

La lengua de la *Torah*

"Después de estos sucesos fue dirigida la palabra de Yahveh a Abram en visión, en estos términos" (*Génesis* 15:1). Cada vez que en el texto de la *Torah* se habla de "visión" se trata del nombre que fue revelado a los patriarcas, que es *Shadai*, como está escrito: "Me aparecí a Abraham, a Isaac y a Jacob como El Sadday" (*Éxodo* 6:3). Y en otro lugar: "Oráculo del que oye los dichos de Dios, del que ve la visión de Sadday" (*Números* 24:4). A través de esta "visión" todas las altas miras se hacen visibles, tal como una "aparición" (*mar´hé*) en donde todas las figuras se transparentaran, y todo es uno. La *mar´hé* (aparición) y la *maasé* (la visión) son idénticas, una está en traducción y la otra en lengua santa.[9] Rabí Yossi dijo: La *Torah* contiene muchas palabras en arameo porque Onkelos tenía el derecho de traducir en la misma lengua que el Santo, bendito sea, se develó en la *Torah*. La susodicha lengua aramea es inaccesible a los ángeles superiores, y la palabra "visión" (*maasé*) está escrita en arameo, a fin de que ellos no comprendieran cuando Él le hablaba a Abraham. ¿Cuál es la razón de esto? Que Abraham no estaba todavía circuncidado, estaba por tanto incircunciso, cerrado de carne. Gracias a la lengua de la traducción se encontraba fuera del alcance de los ángeles. Sucedió lo mismo con Balaam, de quien está escrito: "Oráculo del que oye los dichos de Dios, del que ve la visión de Sadday" (*Números* 24:4). El asunto fue ocultado a los ángeles de servicio para que no encontraran censurable

---

[9] Es decir, una está en arameo y la otra en hebreo.

que el Santo, bendito sea, hablara a un incircunciso impuro. Los ángeles son refractarios a la lengua de la traducción; si preguntas cómo es posible que, ignorando esta lengua, Gabriel enseñara sin embargo a José las setenta lenguas entre las que se encuentra el arameo (pues, en efecto, la "traducción" es una de estas setenta lenguas), has de saber que los ángeles saben la lengua aramea, pero son refractarios a ella; es decir, que la descuidan y no le prestan atención, pues a sus ojos es, entre todas las lenguas, la más despreciable. Y si tú continúas: Puesto que los ángeles superiores la desprecian, ¿cómo pudo Onkelos traducir con ella la *Torah*, y Jonathan ben Uziel la "lectura"?[10] Has de saber que esta lengua es despreciable sólo a los ojos de los ángeles superiores, y esto es necesario para que no sientan más envidia de Israel. Así, se ha traducido la *Torah* y la "lectura" en una lengua que no es en lo absoluto despreciable: en varios lugares hasta el Santo, bendito sea, la ha empleado para escribir la *Torah*. Como esta lengua es inaccesible a los santos ángeles superiores, Él se ha develado ante Abraham a través de ella de manera velada, para que no presten atención y no encuentren nada censurable frente al hecho de que el Santo, bendito sea, se haya revelado a un hombre incircunciso. ¿En qué momento se develó a la vista y presencia de los ángeles superiores? Cuando le dio la santa señal de la alianza, como lo expresan las palabras: "Cayó Abram rostro en tierra y Dios le habló así" (*Génesis* 17:3). Dios es un nombre santo,[11] sin embargo no está escrito "en una visión", pues el nombre aquí mencionado no tiene velos. "Le habló así": esta expresión significa "afirmó y proclamó en toda lengua"; es decir, en forma no cubierta, y no en una lengua desconocida, sino en una lengua que todo el mundo habla a fin de que cada uno pueda relatarlo a su vecino y que no se pueda acusar ni emitir censura. Ésa es la razón de "Dios le habló así": Dios y no una "visión", ya que Él se presentó en la santa señal de la alianza y lo acercó más a Él.

Rabí Judah dijo: La señal de *YHVH* no le fue otorgada mientras que no estaba circuncidado. ¿Por qué razón? Porque esta señal es él mismo llamado "alianza". Asimismo, desde que Abraham par-

---

[10] La "lectura" designa a los hagiógrafos y profetas.
[11] En el texto: "Elohim".

ticipó de la alianza le fue otorgada la señal *Hei*,[12] como está escrito: "Por mi parte he aquí mi alianza contigo: serás padre de una muchedumbre de pueblos. No te llamarás más Abram, sino que tu nombre será Abraham" (*Génesis* 17:4-5). [*Zohar* I, 88b.]

Los misterios de la *Torah*

Rabí Eleazar empezó citando: "Y en el mes séptimo, el día diecisiete del mes, varó el arca sobre los montes de Ararat" (*Génesis* 8:4). Cuán queridas son las palabras de la *Torah* porque cada palabra contiene misterios supremos, y la *Torah* es llamada el principio supremo (*kelal*).[13] Y uno de los trece principios hermenéuticos que hemos aprendido afirma: "Si algo se incluye en una proposición general (*kelal*) y después se somete a una afirmación particular, aquello que predica no debe entenderse como algo limitado únicamente a sí mismo, sino que debe ser aplicado al conjunto de la proposición general." En consecuencia, cuando la *Torah*, que es el *kelal* supremo, elabora una historia especial, las implicaciones de esta historia no están limitadas a la historia misma sino que se extienden a los asuntos celestiales y a los misterios supremos. "No debe ser entendida como limitada a sí misma, sino que debe ser aplicada al conjunto del *kelal*", porque la historia o narración en la *Torah*, a pesar de ser el contenido de una afirmación especial, no limita su significado a la narración misma, sino que se extiende al *kelal* supremo de la *Torah* en su conjunto. Tomen, por ejemplo, el versículo: "Y en el mes séptimo, el día diecisiete del mes, varó el arca sobre los montes de Ararat." Este versículo es una afirmación particular del *kelal* de la *Torah* y aparece en esta historia específica. ¿Qué puede importarnos si quedó aquí o allá? ¡Debió haberse quedado en algún lugar! Pero debe aplicarse al conjunto del *kelal*. Bendito sea el pueblo de Israel a quien fue entregada la *Torah* suprema, la *Torah* de la verdad. [*Zohar* III, 149a-149b.]

---

[12] La *Hei* corresponde a la *h* que se le agrega al nombre de Abraham. Participar de la alianza es marcar el cuerpo con dos de las letras que constituyen el tetragrama *YHVH*.

[13] *Kelal* significa incluir.

La fuerza de la *Torah*

"Fuego permanente arderá sobre el altar sin apagarse" (*Levítico* 6:6). Ésta es la *Torah* de la que se dice: "¿No es así mi palabra, como el fuego?" (*Jeremías* 23:29). "Arderá sobre el altar sin apagarse", para estar seguros ya que el fuego no apaga a la *Torah*. Pero el pecado sí apaga un mandamiento. Quienquiera que cometa un pecado que apaga a la *Torah* —que es una lámpara— apaga su propia lámpara, de la que se dice: "Lámpara de Yahveh es el hálito del hombre" (*Proverbios* 20:27), al alejarlo de su cuerpo. Y este es un apagamiento ya que el hombre permanece en la oscuridad. De manera similar, aquel que desplaza a la *Shejinah* de su morada provoca que se apague la luz en el mundo y provoca la oscuridad en ese lugar. La oscuridad es el pecado, "por esclava que hereda a su señora" (*ibid.* 30:23).

El cancelamiento de un mandamiento por un ignorante apaga ese mandamiento, para completar el verso, "Y los malos perecen en tinieblas" (I *Samuel* 2:9). Pero no se da en absoluto este apagamiento en los maestros de la *Torah*, ya que ellos lo iluminan con los secretos de la *Torah*, ya que a la luz (*or*) se le llama "secreto" (*raz*), y los mandamientos de la *Torah* que los sabios llevan a cabo son como la *Torah* misma para ellos: "ni de noche ni de día se apagará" (*Isaías* 34:10), ya que ellos realizan el precepto "Medítalo día y noche" (*Josué* 1:8).

Y el humo que se eleva de las bocas cuando hablan de la *Torah* es el humo de la pila de madera, que ellos arreglan y preparan para su esposo, como en el versículo "Cuando coloques las lámparas" (*Números* 8:2), por lo cual se dice "para alimentar continuamente la llama" (*Éxodo* 27:20). Y debido al humo que sale de la pila de madera y el humo del incienso de la *Torah*, el humo del corazón se eleva hacia la sabiduría (*Jojmah*), que se encuentra en la mente, de la misma manera que la nube, ya que el estímulo para la nube viene del corazón. Éste es el significado de "Pero un manantial brotaba de la tierra" que posteriormente "regaba toda la superficie del suelo" (*Génesis* 2:6). De la misma manera, el humo se eleva a partir de *Binah*, que se encuentra en el corazón, sobre lo cual los sabios enseñaron: "el corazón entiende" y éste asciende a *Jojmah*, que es la mente. ¿Y qué es lo que hay en este humo? El pilar central, *Da'at*; el corazón entiende el conocimiento. Después de que el humo ha conducido a *Jojmah* hacia *Binah*, que se encuentran una a la izquierda y la otra a la derecha, asciende completa con el padre y la madre, llena de *YH* para encender los pedazos de madera, que son los estudiosos del lado del Árbol de la Vida, los miembros del cuerpo, donde la letra *H* es "la madera" que los inflama con las llamas de la *Torah*, de lo cual se dice: "¿No es así mi palabra, como el fuego?, dijo el Señor" (*Jeremías* 23:29) con las flamas de la lámpara del mandamiento, con amor. [*Zohar* III, 28b-29a.]

La Comunidad de Israel

Ven y mira el secreto del asunto. La Comunidad de Israel (*Shejinah*) no aparece frente al Rey (*Tiferet*) sino por medio de la *Torah*. Cada vez que los hombres de Israel se dedican al estudio de la *Torah*, la Comunidad de Israel habita en ellos... Así, cuando la Comunidad de Israel se levanta ante el Rey por medio de la *Torah*, sus fuerzas se consolidan y el Rey Sagrado se alegra de recibirla. Sin embargo, cuando la Comunidad de Israel se presenta ante el Rey y la *Torah* no se encuentra con Ella, su fuerza, por así decirlo, se debilita. [*Zohar* III, 22a.]

La palabra que se oculta

El Santo, bendito sea, penetra en todas las palabras ocultas que Él ha hecho dentro de la sagrada *Torah*, y todo se encuentra en la *Torah*. La *Torah* revela esa palabra oculta y después se cubre inmediatamente con otro ropaje bajo el cual se esconde y no es revelada. Y aunque esa palabra está oculta en su ropaje, los sabios, que están llenos de ojos, ven por dentro su ropaje. El que tiene los ojos abiertos (es decir, el sabio místico) lanza sus ojos sobre ella y, aunque la palabra se cubre inmediatamente, no se aparta de sus ojos. [*Zohar* II, 98b.]

La *Torah* y su amada

En efecto, la *Torah* deja salir una palabra de su cofre; ésta aparece por un momento e inmediatamente después se esconde. Cuando sale de su cofre, se revela y de inmediato se esconde nuevamente, lo hace sólo para aquellos que la conocen y están familiarizados con ella, ya que la *Torah* es como una doncella bella y majestuosa que se oculta en su palacio en una recámara escondida. Tiene un único amante que vive oculto y del cual nadie conoce su existencia. Por amor a ella, él se pasea continuamente alrededor de la puerta de su casa. ¿Qué hace ella? Abre un pequeño resquicio en esa recámara oculta donde se encuentra, muestra por un momento su rostro al amado e inmediatamente se esconde de nuevo. Todos aquellos que eventualmente se encontraran cerca de ese enamorado no verían nada y no percibirían nada. Sólo el amado ve; su corazón, su alma y todo en el interior sale y se dirige hacia ella. Y él sabe que por amor suyo, ella se reveló por un momento. Así sucede también con la palabra de la *Torah*. Se revela sólo a quien la ama. La *Torah* sabe que ese místico (*jakim libah*, literalmente, aquel que posee la sabiduría del corazón, el intelecto del amor) se pasea cotidianamente frente a su puerta. ¿Qué hace? Le revela su rostro desde el palacio escondido, hace una señal y de inmediato regresa a su lugar y se esconde. Todos los que están ahí no lo ven y no saben, sólo él ve, y su interior, su corazón y su alma salen y van hacia ella. Por lo tanto, también la *Torah* se manifiesta y se esconde, enamorada se dirige hacia su amado y esparce su amor en él. Ven y ve: ésta es la vía de la *Torah*. Al inicio, cuando quiere revelarse al hombre por primera vez, le hace una señal por un momento. Si él entiende, bien; si no entiende, le manda un mensaje y lo llama tonto. La *Torah* le dice a aquel que envía en su nombre: dile a ese tonto que debe venir aquí para que hable con él. Se lee: "Si alguno es simple, véngase acá" (*Proverbios* 9:4). Si él se acerca, empieza a hablar con él detrás de un velo, le dice palabras que corresponden a su intelecto hasta que él, lentamente, mira hacia adentro y entra; a esto se le llama *derashah*. Entonces habla con él a través de un velo fino de palabras alegóricas (*milim de jida*); a esto se le llama *hagadah*. Sólo cuando él ha adquirido familiaridad con ella, ella se le revela cara a cara y habla con él de todos sus misterios ocultos y de todos sus caminos secretos que están en su corazón desde el inicio de los tiempos. Entonces se le considera un hombre completo, un "maestro"; eso significa "esposo de la *Torah*" en el sentido preciso del término, como el señor de la casa a quien ella revela todos sus misterios sin ocultarle nada. Le dice: Ves ahora cómo en aquella señal que te hice al inicio están contenidos en una palabra tantos misterios y su esclarecimiento. Entonces él ve que en efecto no hay nada que agregar a esas palabras ni nada que quitarles. Y sólo entonces le queda claro el verdadero sentido de la palabra de la *Torah* tal como es, y no está permitido agregarle o quitarle ningún elemento a su letra. Por lo tanto, los hombres deben tener cuidado de estar detrás de la *Torah* (es decir, de estudiarla con gran precisión), para convertirse así en sus amantes, como ha sido descrito. [*Zohar* II, 99a-99b.]

La plegaria y la *Shejinah*

Rabí Simón empezó diciendo: Feliz es el hombre que sabe elevar su voluntad a los reinos superiores, ya que su boca emite nombres y sus dedos escriben misterios. Y cuando los nombres ascienden de su boca, una serie de pájaros extiende sus alas arriba para recibirlos y todas las bestias del Carro se preparan cerca de ellos para transportarlos. Esto sucede con mayor razón cuando la *Shejinah* está presente en sus plegarias y las eleva al Santo, bendito sea. El misterio de este asunto se encuentra en el versículo "Mientras vosotros descansáis entre las tapias del aprisco" (*Salmos* 68:14).[14] No debe leerse *im* (si) sino *em* (madre). Feliz es aquel hombre que conduce a la *Shejinah* hacia su esposo en los reinos superiores a través de la plegaria que surge de sus labios. En la plegaria matutina, ella asciende a través del nombre *El*, "el gran *El*". En la plegaria de la tarde asciende a través del nombre *Elohim*. En la plegaria de la noche asciende a través del nombre *YHVH*. Y el misterio de esto se encuentra en el versículo: "Él Dios de los dioses, Yahveh, habla y convoca a la tierra" (*ibid.* 50:1).

Los maestros de la *Mishnah* dijeron que un hombre debe esperar una hora antes y una hora después de la plegaria. Las razones

---

[14] En el texto aparece: "Si ustedes descansan entre los rediles."

ocultas de esta espera antes de la plegaria están relacionadas con el versículo "El hombre la contemplaba callando" (*Génesis* 24:21). Acerca de él está escrito: "El Señor es un hombre de guerra" (*Éxodo* 15:3). Y después de que ha esperado y rezado, si su plegaria tiene fluidez, es aceptada sin ninguna duda. El misterio de esto es que el hombre debe esperar y la mujer llegar antes, como está escrito: "Cuando una mujer conciba y tenga un hijo varón" (*Levítico* 12:2). Más aún, si su plegaria es fluida, entonces el misterio se expresa en "Apenas había acabado de hablar, cuando he aquí que salía Rebeca" (*Génesis* 24:15). El misterio de esto está en el versículo "Antes que me llamen, yo responderé; aún estarán hablando y yo les escucharé" (*Isaías* 65:24).

Feliz es el hombre que no retrasa el ascenso de la consorte para llegar a su Rey; pues el hombre que es fluido en su plegaria y que no duda, lleva rápidamente a la consorte frente a su Rey. Ay de aquellos que son aburridos de corazón y de ojos, que no se esfuerzan en comprender el honor que deben a su Creador para inclinarlo hacia su *Shejinah* con oraciones y peticiones y atraerlo hacia ella y, aún más, provocar su amor por ella, como han prescrito: "El que escoge a Su pueblo de Israel con amor." Cuando ellos se encuentran ante Él, deben hacerlo con miedo. Felices son los hombres de Israel que saben cómo influir en su Creador de la manera apropiada y, así, combinar verbalmente en sus plegarias los dos nombres *YHVH* y *Adonai*, ya que en ese momento "clamarás *az*, y el Señor te responderá" (*ibid.* 58:9); esto es, el Señor y su corte, lo que significa, la *Shejinah* superior y la *Shejinah* inferior.

Éste es el misterio: "¿Qué es eso que sube del desierto cual columna de humo sahumado de mirra y de incienso, de todo polvo de aromas exóticos?" (*Cantar de los cantares* 3:6). Ésta es la ofrenda al Santo, bendito sea, ya que la *Shejinah* es en efecto la ofrenda. Por esta razón se recomienda la plegaria en lugar del sacrificio.

"Es ella la que sube (*olah*)" (*Levítico* 6:2),[15] el sacrificio real (*olah*). Feliz es el hombre que la eleva hacia Él de la manera apropiada, ya que Él pregunta en relación con ella: "¿Quién es el que viene hacia arriba?" "¿Quién es aquel que eleva la *olah*?" "Del desierto (*midbar*)", es decir, del "que habla (*medaber*), ya que el

---

[15] Este texto no coincide en absoluto con la *Biblia de Jerusalén*, por lo que me he permitido dejar la cita original del texto.

Santo, bendito sea, considera su boca como el monte Sinaí. Consecuentemente, "¿Quién eleva la *olah* de aquel que habla...?"

"Perfumada con mirra": ésta es la plegaria de la mañana, que fue iniciada por Abraham, que es mirra. Más aún, "perfumada con mirra" se asocia con "Bolsita de mirra es mi amado para mí" (*Cantar de los cantares* 1:13), y ésta es *Netzah*, que la levanta con la mano derecha, como está escrito: "A tu derecha, delicias para siempre (*Netzah*)" (*Salmos* 16:11). "E incienso", esto es *Jod*, que la eleva a *Gevurah*. "De todo polvo de aromas exóticos", esto es el justo que la eleva a la columna central. Pero si la *Shejinah* no asciende como una ofrenda al Santo, bendito sea, a través de la plegaria, un perro bajará y consumirá su ofrenda. ¡Pobre de él! Hubiera sido mejor para él no haber sido creado. Acerca de esto está escrito: "Tampoco es bueno el afán cuando falta la ciencia" (*Proverbios* 19:2).[16] Pero si la *Shejinah* no asciende debido a su plegaria, una multitud de criaturas venidas del Carro y de las esferas del Trono se regodearán con ella, en medio de música y alegría, y sus alas se abrirán ampliamente para recibirla. Ya lo han explicado: "Sus rostros y sus alas estaban desplegadas hacia lo alto" (*Ezequiel* 1:11).

Cuando ella asciende, lo hace como una paloma, y cuando desciende, lo hace como un águila, ya que ella es la consorte que no teme a ningún pájaro en el mundo, y desciende con comida para sus jóvenes hijos de Israel. Éste es el significado de "Como un águila incita a su nidada, revolotea sobre sus polluelos" (*Deuteronomio* 32:11). ¿Quiénes son sus "polluelos"? Son el pueblo de Israel que se asemeja a los pájaros jóvenes que le pían con sus plegarias, y ella desciende hacia ellos. A cada uno le trae el alimento que necesita. A algunos les trae el alimento de la *Torah*, que es alimento para el alma; y a otros les trae alimento para el cuerpo: a cada uno de acuerdo con su deseo. [*Tikkunei ha'Zohar*, *Tikkun*, 21, 44b-45b.]

La plegaria

Rabí Eleazar empezó citando: "¿Por qué cuando he venido no había nadie...?" (*Isaías* 50:2). "¿Por qué cuando he venido?", cuán

---

[16] En el texto aparece: "El alma sin el conocimiento no es buena."

querido debe ser el pueblo de Israel para el Santo, bendito sea, ya que en cualquier lugar donde se encuentre el Santo, bendito sea, puede encontrarse entre ellos, porque Él no cancela el amor que les tiene. ¿Cuál es el significado de "Me harás un Santuario para que yo habite en medio de ellos" (*Éxodo* 25:8)? "Me harás un Santuario" sin una cualidad específica, ya que toda sinagoga en existencia es un "santuario", como hemos explicado. La *Shejinah* es la primera en llegar a la sinagoga. Feliz es, entre los diez, el primer hombre en llegar a la sinagoga, ya que la perfección deseada se logra a través de ellos, y ellos son los primeros que reciben la santificación a través de la *Shejinah*; esto ya ha sido explicado. Es esencial que los diez hombres lleguen a la sinagoga al mismo tiempo y no uno por uno, de manera que no se retrase la perfección de los órganos porque el Santo, bendito sea, hizo en su totalidad a Adán en un solo momento, y perfeccionó sus órganos de una sola vez. Éste es el significado de "¿No es él tu padre, el que te creó, el que te hizo y te fundó?" (*Deuteronomio* 32:6).

Vengan y vean. Cuando todos los órganos de Adán fueron reunidos uno a uno, fue entonces perfeccionado, de esta manera: una vez que la *Shejinah* haya llegado en primer lugar a la sinagoga, diez hombres juntos deben llegar después y se logrará la perfección deseada; más adelante todo podrá ser restaurado. ¿Cómo se realiza esta restauración completa? De acuerdo con el versículo "Pueblo numeroso, gloria del rey" (*Proverbios* 14:28): de manera que la gente que llega después restaura el cuerpo.

Pero si la *Shejinah* llega y el resto de los hombres no llegan juntos como deberían, el Santo, bendito sea, exclama: "¿Por qué cuando llego no hay nadie?" Esto significa que la unidad de los cuerpos no ha sido restaurada y el cuerpo aún no está completo, y cuando el cuerpo no está completo, no existe "nadie". Por esta razón se dice precisamente que "...no hay nadie".

Vengan y vean. Cuando se completa el cuerpo inferior, la santidad superior llega y penetra ese cuerpo. El cuerpo inferior se convierte entonces en un modelo real del cuerpo superior. En ese momento todos deben ser extremadamente cuidadosos de no hablar de cosas profanas, ya que en ese momento el pueblo de Israel se encuentra en un estado de perfección suprema y está santificado por la santidad celestial. Bendita sea su porción.[*Zohar* III, 126a.]

El exilio de la *Shejinah*

"Así como se asombraron de él muchos, pues tan desfigurado tenía el aspecto que no parecía hombre, ni su apariencia era humana" (*Isaías* 52:14). Vengan y vean. Ya ha sido explicado que cuando el Templo fue destruido, la *Shejinah* tuvo que partir al exilio en las manos de las naciones, como está escrito: "¡Mirad! Ariel se lamenta por las calles, los embajadores de paz amargamente lloran" (*Isaías* 33:7). Todos lloraron por esto; compusieron canciones tristes y lamentaciones, y todo por la *Shejinah* que había sido expulsada de su morada. Y, de la misma manera en que sufrió un cambio de su estado anterior, también su esposo sufrió un cambio: su luz no brilló más, y cambió su estado anterior, como está escrito: "Esté oscurecido el sol en su salida" (*Isaías* 13:10). Acerca de esto está escrito: "Tan desfigurado tenía el aspecto que no parecía hombre." Otra interpretación: "Tan desfigurado tenía el aspecto que no parecía hombre", se refiere al sirviente cuyo semblante y forma cambiaron de aspecto en relación con su forma anterior. Otra interpretación: "Tan desfigurado tenía el aspecto que no parecía hombre", como está escrito: "Yo he visto los cielos de crespón y los cubro de sayal" (*Isaías* 50:3), ya que a partir del día en que fue destruido el Templo, los cielos no brillaron con su luz acostumbrada. El secreto de esto es que las bendiciones residen sólo ahí donde hombre y mujer se encuentran juntos, y lo han explicado así, como está escrito: "Los creó varón y hembra y los bendijo" (*Génesis* 5:2). Por lo tanto, "Tan desfigurado tenía el aspecto que no parecía hombre." Y esto también puede compararse con "El justo perece" (*Isaías* 57:1). No se utiliza el pasivo sino el activo "perece", ya que las bendiciones residen sólo en el lugar donde el hombre y la mujer están juntos, como ha sido explicado. [*Zohar* I, 182a.]

La unión del Rey con su Consorte

Vengan y vean. Está escrito: "De Edén salía un río que regaba el jardín" (*Génesis* 2:10). Este río se extiende hacia los lados cuando el Edén tiene relaciones sexuales con él en perfecta unión, lo largo de su curso no es conocido ni arriba ni abajo, como está escrito, "sendero que no conoce el ave de rapiña" (*Job* 28:7), y ellos quedan satisfechos ya que no se separan uno del otro. Las fuentes y las corrientes coronan al alma santa con todas las coronas, por eso está escrito: "con la diadema con que le coronó su madre" (*Cantar de los cantares* 3:11). En ese momento el hijo pasa a formar parte de la heredad de su padre y madre, disfruta esa delicia y se complace en ella.

Se ha enseñado que el Rey Supremo se sienta entre las delicias coronadas, como está escrito: "Mientras el rey se halla en su diván, mi nardo exhala su fragancia" (*Cantar de los cantares* 1:12). Ésta es *Yesod*,[17] que produce bendiciones para que el Santo Rey pueda tener relaciones con su Consorte. Entonces, las bendiciones se difunden a través de todos los mundos, y los reinos superiores e inferiores quedan bendecidos. [*Zohar* III, 61b-62a.]

Los misterios ocultos

"Y los iluminados brillarán" (*Deuteronomio* 12:3). ¿Quiénes son los iluminados? Aquellos que saben cómo contemplar (*le-istakala*) la gloria de su Maestro y conocen el secreto de la sabiduría, para entrar sin vergüenza en el mundo venidero. Éstos brillan como el resplandor superior. Y se dice "los iluminados" (*ha-maskilim*) más que los "conocedores" (*ha-yodim*) porque éstos son quienes verdaderamente contemplan (*demistakala'an*) los secretos interiores, escondidos, que no son revelados ni transmitidos a cualquier persona. [*Zohar Hadash*, 105a.]

"Y los iluminados brillarán", los iluminados se refiere a aquellos que contemplan (*demishtadelei*) el misterio de la sabiduría en los misterios secretos de la *Torah*... Todos los que están dedicados (*demishtadelei*) al estudio de la *Torah* son llamados *maskilim*, porque con sabiduría contemplan (*mistakelan*) el secreto de la sabiduría superior. [*Zohar Hadash*, 106b.]

---

[17] La emanación o *sefirah* llamada *Yesod* está directamente asociada, en la simbología cabalística, con el miembro sexual masculino.

Las lágrimas

"Bajó la hija de Faraón a bañarse en el Río" (*Éxodo* 2:5). Tan pronto como Israel se alejó de la *Torah*, "bajó la hija de Faraón a bañarse en el Río". El atributo del juicio bajó a bañarse en la sangre de Israel porque habían despreciado la *Torah*. "Y sus doncellas se paseaban a la orilla del Río": éstas son las naciones que continuamente la persiguen; "a la orilla del Río": porque desprecian a la *Torah* así como a los que la enseñan y se negaron a practicarla.

Rabí Judah dijo: En el mundo todo depende del arrepentimiento y de la plegaria que el hombre ofrece al Santo, bendito sea. Y esto es aún más cierto si un hombre llora mientra reza, ya que no existe ninguna puerta que estas lágrimas no puedan penetrar. Las Escrituras establecen que "Al abrirla, vio que era un niño que lloraba" (*ibid*. 2:6). "Al abrirla", es decir, la *Shejinah* que cuida de Israel como una madre a sus hijos, y está siempre preparada para abrir las puertas gracias a los méritos del pueblo de Israel. Cuando la abrió, "vio al niño", "un hijo tan caro para mí" (*Jeremías* 31:20), concretamente, el pueblo de Israel que se presenta ante su Maestro humildemente. Tan pronto como piden misericordia ante el Santo, bendito sea, regresan en penitencia y lloran ante Él, como un niño que llora ante su padre. Por eso las Escrituras establecen "He aquí, el niño está llorando": cuando él llora, todos los decretos del mal en el mundo se desvanecen. Después dice: "Ella se compadeció de él." Su amor por él surgió y ella tuvo compasión de él. "Y ella dijo: Éste es uno de los hijos de los hebreos" que son tiernos de corazón, y no un hijo de los idólatras, que son duros de corazón. "Uno de los hijos de los hebreos", que heredaron su corazón tierno de los patriarcas y las matriarcas, para que puedan regresar en penitencia a su Hacedor. "Y llamó a la madre del niño" (*Éxodo* 2:8), que estaba llorando. Éste es el significado de "En Ramá se escuchan ayes, lloro amarguísimo. Raquel que llora por sus hijos..." (*Jeremías* 31:15). El niño llora y su madre también llora.

Rabí Judah dijo: En lo que concierne al tiempo venidero, está escrito: "Con lloro vienen y con súplicas..." (*ibid*. 9). ¿Cuál es el significado de "con lloro vienen"? Esto significa: a través del mérito de las lágrimas de Raquel, la madre del niño, ellos vendrán y se reunirán al regreso del exilio.

Rabí Isaac dijo: La redención del pueblo de Israel depende sólo de las lágrimas; esto es, cuando se ha pagado finalmente la recompensa por las lágrimas que Esaú derramó ante su padre, como está escrito: "Esaú alzó la voz y rompió a llorar" (*Génesis* 27:38).

Rabí José dijo: El llanto de Esaú y las lágrimas que derramó trajeron de regreso al pueblo de Israel de su exilio, a su territorio. Cuando el llanto del pueblo de Israel anule el efecto de estas lágrimas, saldrán del exilio. Éste es el significado de "Con lloro vienen y con súplicas los devuelvo". [*Zohar* II, 12a-12b.]

LA PALABRA, LA LETRA, EL NOMBRE, LA INTERPRETACIÓN

La interpretación crea firmamentos

"En el principio" (*Génesis* 1:1). Rabí Simón empezó citando "Yo he puesto mis palabras en tu boca" (*Isaías* 51:16). Uno tiene que hacer el gran esfuerzo de estudiar la *Torah* día y noche, porque el Santo, bendito sea, escucha las voces de aquellos que la estudian, y cada nueva interpretación de la *Torah* que tiene su origen en alguien que la estudia construye un firmamento.

Hemos aprendido que tan pronto como una nueva interpretación de la *Torah* sale de la boca de un hombre, se eleva y se presenta ante el Santo, bendito sea, y el Santo, bendito sea, la recibe, la besa y la adorna con setenta coronas grabadas. Pero una palabra original de sabiduría se eleva y se coloca sobre la cabeza del Justo, que vive para siempre y a partir de ahí se desliza suavemente a través de los setenta mil mundos y se eleva hasta el más Antiguo de los Días. Todas las palabras del más Antiguo de los Días son palabras de sabiduría que encierran misterios supremos. Y cuando la palabra de sabiduría oculta que se origina aquí abajo se eleva, se une a los misterios del más Antiguo de los Días;[1] asciende y desciende con ellos y entra en los dieciocho mundos ocultos que "ningún ojo haya visto, oh Dios, sino Tú" (*Isaías* 64:3). Abandonan el lugar, se deslizan suavemente, completos y perfectos, y se presentan ante el más Antiguo de los Días. Él saborea el aroma de esta nueva interpretación y obtiene gran satisfacción. La recibe y la adorna con trescientas setenta mil coronas. La interpretación se mueve, asciende y desciende y se convierte en un firmamento.

De manera similar, todas las nuevas interpretaciones sabias se convierten en firmamentos que tienen una existencia perfecta en

---

[1] Se trata de otra forma más de referirse al nombre de Dios y, específicamente, al primero de sus atributos, emanaciones o *sefirot*: *Keter*.

la presencia del más Antiguo de los Días. Y él los llama "nuevos cielos", son cielos ocultos y recién creados que contienen los misterios de la Sabiduría suprema. Todas las otras nuevas interpretaciones de la *Torah* se presentan ante el Santo, bendito sea, ascienden y se convierten en "la tierra de los vivos" (*Salmos* 116:9); descienden y se adornan en una cierta tierra, y ésta se renueva y se transforma en una "nueva tierra" por esa nueva interpretación de la *Torah*. En relación con esto está escrito: "Porque así como los cielos nuevos y la tierra nueva que yo hago permanecen en mi presencia..." (*Isaías* 66:22). No dice "Yo he hecho" sino "Yo hago", ya que Él los hace continuamente a partir de las nuevas interpretaciones y los misterios de la *Torah*. Y está escrito: "Yo he puesto mis palabras en tu boca y te he escondido a la sombra de mi mano, cuando extendía los cielos y cimentaba la tierra" (*Isaías* 51:16). No está escrito "los cielos", sino simplemente "cielos".[2]

Rabí Eleazar dijo: ¿Cuál es el significado de "Yo te he escondido a la sombra de mi mano"?

Él le contestó: Cuando la *Torah* fue entregada a Moisés, miríadas de ángeles celestiales trataron de quemarla con flamas surgidas de sus bocas. Pero el Santo, bendito sea, la protegió. Y ahora, cuando una nueva interpretación asciende, se adorna y se presenta ante el Santo, bendito sea, Él protege la interpretación y oculta al hombre de manera que los ángeles no lo sepan ni se sientan celosos de él hasta que se creen nuevos cielos y nuevas tierras a partir de ella. Éste es el significado de "Yo he puesto mis palabras en tu boca y te he escondido a la sombra de mi mano, cuando extendía los cielos y cimentaba la tierra".

Por lo tanto, nosotros aprendemos que todo lo que se encuentra oculto al ojo se eleva por una enaltecida intención. Éste es el significado de "Yo te he escondido a la sombra de mi mano". ¿Por qué se oculta y se esconde al ojo? Por una intención enaltecida. Éste es el significado de "Cuando extendía los cielos y cimentaba la tierra", como lo hemos explicado.

"Y le dijo a Sión: Tú eres Mi pueblo (*ami*)" (*idem.*). "Y dijo" a las puertas y a las cosas que se distinguen sobre las demás: "Ustedes están conmigo." No lean *ami* (mi pueblo) sino *imi* (Conmigo).[3]

---

[2] Se refiere aquí a los cielos que se crean con las nuevas interpretaciones.

[3] Basta un cambio en la vocalización de la palabra para que ésta cambie de sentido.

Sé mi compañero. De la misma manera en que hice los cielos y la tierra con Mi palabra, como está dicho: "Por la palabra de Yahveh fueron hechos los cielos" (*Salmos* 33:6), así fuiste tú creado.

¡Felices aquellos que estudian la *Torah*!

Podrían objetar y decir que la interpretación de cualquier hombre tendría el mismo efecto, incluso si no fuera conocible. Pero vengan y vean. Si un hombre no está familiarizado con los misterios de la *Torah* y profiere una nueva interpretación que no entiende del todo, esa interpretación asciende y se encuentra con un "hombre perverso" (*Proverbios* 16:28), "una lengua mentirosa" (*ibid.* 6:17) con una grieta del gran abismo[4] que saltará ansiosamente quinientas leguas para encontrarse con esta interpretación. Se apropiará de ella, se la llevará a su grieta y ahí la convertirá en un falso firmamento llamado *Tohu* (confusión). El hombre perverso puede viajar a través de ese firmamento a seis mil leguas por instante. Tan pronto como el falso firmamento se conforma, emerge una mujer vil[5] que se adhiere a ese firmamento y se une a él. Desde ahí sale a matar a miles y miles de personas, porque ella se encuentra en ese firmamento y tiene el poder y la habilidad de atravesar el mundo entero en un solo momento. En relación con esto está escrito: "¡Ay, los que arrastran la culpa con coyundas de engaños (y el pecado como con bridas de novilla!)" (*Isaías* 5:18). "Culpa" es el macho. "Y el pecado como con bridas de novilla." ¿Quién es el "pecado"? La hembra. El firmamento tira de la llamada "culpa" con las "coyundas de la vanidad", y después del "pecado como con bridas de novilla", es decir, de la hembra que es llamada "pecado" porque ahí es donde adquiere mayor fuerza, lo que le permite volar y matar a seres humanos. De ahí que se diga "a muchos ha hecho caer muertos" (*Proverbios* 7:26). ¿Y quién provoca esto? El estudioso que no ha llegado a tener autoridad para interpretar. ¡Que el Todo Misericordioso nos salve!

Rabí Simón dijo a sus compañeros: Les suplico que no pronuncien ninguna palabra de la *Torah* que no entiendan o que no hayan escuchado de una autoridad reconocida, para no permitir que la hembra "pecado" asesine a multitudes sin causa alguna.

---

[4] Se refiere aquí al *sitra ajra*, al "otro lado", es decir, al lado del mal.
[5] Se refiere a Lilit, primera mujer de Adán y amante del ángel caído Samael.

Todos respondieron: ¡Que el Todo Misericordioso nos salve! ¡Que el Todo Misericordioso nos salve! Vengan y vean. El Santo, bendito sea, creó el mundo con la *Torah*. Y ya ha sido explicado en el versículo "Yo estaba allí, como arquitecto, y era yo todos los días su delicia" (*Proverbios* 8:30). Y Él la estudió una, dos, tres, cuatro veces y después dijo las palabras, y así realizó el acto de la creación del mundo. Esto lo hizo para enseñar a los hombres que no deben cometer errores al interpretar la *Torah*, ya que está escrito: "Entonces la vio y le puso precio, la estableció y la escudriñó. Y dijo al hombre: Mira, el temor de Dios es la Sabiduría" (*Job* 28:27-28). El Santo, bendito sea, creó lo que creó para hacer coincidir los cuatro tiempos que están descritos en "Entonces la vio y le puso precio; la estableció y la escudriñó". Y antes de producir su obra introdujo cuatro palabras, como está escrito *"Bereshit barah Elohim et"* (*Génesis* 1:1): cuatro; y después *ha-shamayim*. Estas palabras coinciden con los cuatro tiempos en que el Santo, bendito sea, estudió la *Torah* antes de llevar a cabo Su obra. [*Zohar* I, 4b-5a.]

La lectura mantiene al mundo en movimiento

Aquel que se ocupa en el estudio de la *Torah* mantiene al mundo en movimiento y da a cada elemento la posibilidad de realizar su función. Porque no hay miembro en el cuerpo humano que no tenga su correspondiente en el mundo concebido en su totalidad. Así como el cuerpo está compuesto de miembros y articulaciones de diferente rango que accionan y reaccionan recíprocamente y forman un organismo, lo mismo ocurre en el mundo: todas las criaturas están ordenadas en él a manera de miembros que se encuentran en mutua relación jerárquica; y si se encuentran en armonía forman un organismo propiamente dicho. Y todo está ordenado según el prototipo de la *Torah*, pues la *Torah* se compone en su totalidad de miembros y articulaciones que se encuentran en relación jerárquica precisa, y cuando están correctamente ordenados forman un solo organismo. [*Zohar* I, 134b.]

La lectura mantiene al mundo en movimiento

La Escritura no dice "yo he creado", en el pasado, sino "yo creo", ya que la creación continúa y la renovación de la tierra es ininterrumpida gracias a las palabras pronunciadas por el hombre, que encierran las concepciones nuevas relacionadas con la doctrina.[6] [*Zohar* I, 5a.]

Las setenta interpretaciones

Ayin (con un valor numérico de setenta)[7] es la letra que simboliza la forma de interpretar las palabras de la Escritura, susceptibles de setenta interpretaciones, todas ellas alimentadas de este espíritu que surge de la boca de Dios. A estas setenta interpretaciones corresponden los setenta nombres del Santo, bendito sea, así como las setenta categorías de almas que existen en la tierra. [*Zohar* II, 123a.]

Las setenta interpretaciones

Rabí Simón dijo: Cada palabra que sale de la boca de Dios encierra todas las interpretaciones de las que es susceptible, y también todos los misterios. Así como un árbol está provisto de setenta ramas, cada palabra que sale de la boca de Dios es susceptible de setenta interpretaciones [...] Es precisamente a causa de la diversidad de interpretaciones de las que es susceptible cada palabra de Dios, que la Escritura compara la palabra de Dios con un martillo que corta la piedra. [*Zohar* II, 83a.]

Consonantes y vocales

"Los doctos brillarán como el fulgor del firmamento y los que enseñaron a la multitud la justicia, como las estrellas, por toda la

---

[6] Aquí se refiere concretamente a la doctrina de la Cábala.

[7] *Ayin* se refiere a la letra concreta del alfabeto hebreo, que tiene un valor numérico de setenta. A esta letra queda asociada la divinidad, de manera que el número setenta se convierte en un número simbólico que remite a la infinitud de Dios.

eternidad" (*Daniel* 12:3): como los signos de la melodía. Las consonantes y las vocales los siguen en sus movimientos; van en pos de ellos como soldados detrás de su rey. El cuerpo son las consonantes, el espíritu las vocales, y a un mismo tiempo se desplazan, acompañando a los signos con cantos y sometiéndose a su ritmo. Cuando la melodía de los signos se desplaza, las consonantes y las vocales se desplazan; cuando ella se interrumpe cesan su desplazamiento y se someten a su descanso. "Los doctos brillarán": éstos son las consonantes y las vocales; "como el fulgor": la melodía de los signos; "del firmamento": el despliegue de la melodía y de los signos, que se explayan en su extensión. "Y los que enseñaron a la multitud la justicia": son los signos de interrupción que suspenden el movimiento para que la palabra pueda ser escuchada. "Brillarán" consonantes y vocales, juntas pondrán luz en los movimientos, en el temblor de lo que está encerrado en el movimiento, en sus senderos cerrados. De aquí se extiende todo. [*Zohar* I, 15b.]

La vida de Sara

Está escrito: "Sara vivió ciento veintisiete años" (*Génesis* 23:1). La repetición de la palabra "años" nos indica que todos los años que Sara vivió fueron colmados de manera santa, ella vivió cien años santamente. Rabí Simón dijo: Observen que la Escritura emplea el singular *shanah* para la palabra cien y lo mismo para la palabra veinte, mientras que se sirve del plural *shanim* para la palabra siete.[8] Esta anomalía encierra un misterio. Los cien años corresponden al Santo, bendito sea, que es la síntesis de todas las *sefirot* y de todos los atributos celestes. Por esta razón y de acuerdo con la tradición, el hombre debe pronunciar cada día cien bendiciones. Los veinte años corresponden a las diez voces de misericordia y a las diez voces de rigor. Y como el rigor debe estar

---

[8] Para comprender este pasaje es necesario remitirse directamente al texto hebreo que dice: *vayijiyú jayei Sara meah shanah beesdrim shanah besheba shanim*, literalmente: "Sara vivió cien año y veinte año y siete años." El texto en la *Biblia de Jerusalén* sólo registra la edad de Sara con una única cifra: "Sara vivió ciento veintisiete años" (*Génesis* 23:1).

siempre unido a la misericordia, las diez voces de la segunda junto con las diez voces de la primera no cuentan sino por una sola. Por eso para la palabra cien, lo mismo que para la palabra veinte, la Escritura emplea el singular *shanah*, ya que no importa lo numerosos que sean los grados de la esencia divina, Dios no es más que Uno; y no importa lo numerosas que sean las voces de misericordia y rigor, no hay más que una sola voz. Pero la palabra siete corresponde a los siete grados inferiores que engloban las legiones celestes así como el universo. Como éstas son realmente múltiples, la Escritura emplea el plural *shanim*.

Rabí Hiyah dijo a rabí Simón: He aquí cómo las palabras "Sara vivió..." han sido explicadas: Isaac tenía treinta y siete años cuando su padre lo ató para ofrecerlo en sacrificio. Fue durante este mismo acontecimiento cuando Sara moría, ya que está escrito: "Abraham hizo duelo por Sara y la lloró"(*Génesis* 23:2).[9] ¿De dónde regresaba? Regresaba de la montaña de Morya en la que había atado a Isaac para ofrecerlo en sacrificio. Ahora bien, el único periodo en el que Sara vivió es el tiempo entre el nacimiento de Isaac y el día en que Abraham quiso ofrecerlo en sacrificio. La palabra *vayijiyú* representa, en efecto, el valor numérico de treinta y siete, ya que no fue sino durante treinta y siete años que Sara gozó de la vida: desde el nacimiento de Isaac hasta el día en que fue atado para ser ofrecido en sacrificio. [*Zohar* I, 122b-123a.]

El nombre de Dios

"No tomarás en falso el nombre de Yahveh" (*Éxodo* 20:7).

Rabí Simón empezó citando: "Eleazar dijo: ¿Qué puedo hacer por ti? Dime qué tienes en casa" (II *Reyes* 4:2). Eleazar le dijo: ¿Tienes algo sobre lo cual el Santo, bendito sea, pueda poner Sus bendiciones? Ya que sabemos que está prohibido para un hombre decir una bendición ante una mesa vacía. ¿Por qué es así? Porque una bendición que viene de arriba no puede descansar en un lugar vacío. Por lo tanto, un hombre debe, al menos, colocar un pedazo de pan en su mesa, para así poder bendecirlo. Y si no puede hacerlo, tiene que dejar algo del alimento que ha comido para poder

---

[9] En el texto la cita aparece de manera distinta: "Y Abraham vino para llorarla."

bendecirlo y no encontrarse en una posición en la que tenga que hacer una bendición en falso.

Cuando ella dijo: "Tu cierva no tiene en casa más que una orza de aceite" (*idem.*); él respondió: Es posible realizar una bendición completa aquí, ya que está escrito: "No hagas mal y el mal no te dominará"[10] (*Eclesiástico* 7:1), ya que el nombre sagrado viene del aceite para encender la luces sagradas.

¿Qué es este aceite? Rabí Isaac dijo: Es como está escrito: "Como un ungüento fino en la cabeza, que baja por la barba, que baja por la barba de Aarón hasta la orla de sus vestiduras" (*Salmos* 133:2).

Rabí Eleazar dijo: Existen las montañas de puro bálsamo.

Rabí Simón dijo: "Un buen nombre" —qué tan bueno es el supremo nombre sagrado y de las luces celestiales cuando todas ellas brillan a partir de "un buen aceite", como lo he dicho. Y está prohibido para un hombre mencionar el nombre del Santo, bendito sea, en falso. Ya que si un hombre pronuncia el nombre del Santo, bendito sea, en falso, sería mejor para él no haber nacido.

Rabí Eleazar dijo: No se debe pronunciar el nombre sagrado sin una palabra que le anteceda, ya que el nombre sagrado se menciona en la *Torah* sólo después de dos palabras, como está escrito. *Bereshit barah Elohim* (En el principio Dios creó) (*Génesis* 1:1).

Rabí Simón dijo: El nombre sagrado no se mencionó excepto en relación con todo el mundo, como está escrito: "Ésos fueron los orígenes de los cielos y la tierra, cuando fueron creados" (*ibid.* 2:4). De ahí que aprendamos que no debemos pronunciar su nombre sagrado en falso. Está escrito: "No tomarás en falso el nombre de Yahveh", que significa que no debemos mencionar el nombre sagrado por razones seculares sino sólo en una bendición o en una plegaria. Si un hombre menciona el nombre sagrado por razones seculares y no en una bendición o en una plegaria, será castigado cuando su alma parta y se tomará venganza de él, como está escrito: "Porque Yahveh no dejará sin castigo a quien toma su nombre en falso" (*Éxodo* 20:7).

Hemos aprendido: Rabí José dijo: ¿Qué es una bendición? El nombre sagrado, ya que a partir de él la bendición se extiende a todo el mundo. Y una bendición no puede existir en un lugar va-

---

[10] En el texto: "Un buen hombre, un buen vino."

cío, ni descansar en él. Éste es el significado de "No tomarás en falso el nombre de Yahveh". [*Zohar* II, 87b-88a.]

Los nombres de Dios

Rabí Eleazar estaba sentado frente a rabí Simón, su padre. Le dijo: Hemos aprendido que *Elohim* siempre significa "el Juicio"; sin embargo hay veces en que *YHVH* se pronuncia *Elohim* como, por ejemplo, en "Mi Señor, Yahveh" (*Adonai Elohim*) (*Génesis* 15:2 y en muchos otros lugares). ¿Por qué se pronuncia *Elohim*, cuando estas letras (*YHVH*) siempre significan Misericordia?

Él le contestó: Así está en la Escritura, a saber: "Reconoce, pues, hoy y medita en tu corazón que Yahveh es el único Dios allá arriba en el cielo" (*Deuteronomio* 4:39); y está escrito "Yahveh es Dios" (I *Reyes* 18:39).[11]

Esto sé, dijo: Donde hay Juicio hay Misericordia, y a veces donde hay Misericordia hay Juicio.

Él le dijo: Mira, *YHVH* siempre significa Misericordia, pero cuando los malvados convierten la Misericordia en Juicio entonces se escribe *YHVH*, pero lo pronunciamos *Elohim*. Pero ven y mira el secreto de la cuestión. Hay tres niveles;[12] cada uno es independiente aunque todos sean uno y estén unidos en uno, y no estén separados el uno del otro. Ven y mira, todas las plantas[13] y todas las luces, todas brillan y reciben luz, humedad y bendiciones del río[14] que se acumula y que fluye, en el que todo está comprendido y que contiene la suma de todo. Este río se llama "la madre" del jardín, y está por encima del jardín; Edén está unido a ella y no se separan.[15] En consecuencia, todas las fuentes emergen y fluyen de ella, y proveen agua en todas direcciones, y abren puertas en ella;[16] así que la Misericordia se deriva de ella, y sus puertas se abren en ella. Y, puesto que la llaman "madre", en femenino, *Gevurah* y el

---

[11] En hebreo, y en ambos casos, aparece *Elohim* en lugar de Dios.
[12] *Binah*, *Gevurah* y *Maljut*, todos los cuales son llamados *Elohim*.
[13] Las *sefirot*.
[14] *Binah*.
[15] *Binah* es llamada "madre" y "río que fluye", porque *Jojmah*, que es llamado "Edén", está unido a ella y la preña con la semilla de la emanación.
[16] Las cincuenta puertas de *Binah*.

Juicio emergen de ella. Ella se llama "Misericordia" por derecho propio, pero los Juicios se levantan de su lado; entonces el nombre *YHVH* se escribe como "Misericordia", pero se vocaliza como "Juicio": las consonantes indican "Misericordia", pero el Juicio está a su lado, de ahí *YEHOVIH*. Éste es el primer nivel.

Segundo nivel: otro nivel emerge del primero, y es provocado por éste: se llama *Gevurah*. Y se llama *Elohim*, con las letras reales del nombre, es uno de los comienzos de *Ze'ir Anpin*, y está unido a él. Debido a que están unidos el uno al otro está escrito: "El Señor, Él es Dios" (*YHVH hu ha-Elohim*), pues *YHVH* es *Elohim* en estas letras reales, y es uno. Éste es el segundo nivel.

Tercer nivel: *Tzedek* (la Rectitud),[17] la última corona, la corte del Rey. Y así se enseña: *Adonai*, así se escribe y así se pronuncia. A la Asamblea de Israel le es dado este nombre, que se completa en este lugar.

Éstos son tres niveles, convocados por los nombres del Juicio, y todos están unidos en forma inseparable, como hemos explicado.

Él le dijo: Si te place, padre mío, escucha esto. He oído las siguientes palabras de la Escritura: "Yo soy el que soy" (*ehyeh asher ehyeh*) (*Éxodo* 3:14), y no lo comprendo.

Él le dijo: Eleazar, hijo mío, los compañeros lo han explicado. Escucha, todo está unido en una cosa, y el misterio de la cosa es *Ehyeh*. Lo incluye todo, pues los caminos son ocultos y están unidos en un lugar, y no son separables. Se llama *Eyeh*, la suma de todo, escondido y no revelado. Una vez que el principio[18] hubo emergido de él y el río fue preñado a fin de que pudiera producirlo todo, entonces fue llamado *asher ehyeh*, es decir: "así pues Yo seré". Yo estaré allí para producir y engendrar todo. *Ehyeh* (Yo soy), es decir: ahora yo lo comprendo todo, una generalidad sin particulares; *asher ehyeh* (así pues yo seré), pues la madre será preñada y producirá todas las cosas particulares, a fin de revelar el nombre supremo.

Después Moisés quiso conocer con exactitud los detalles de la cuestión, y esto le fue explicado por *Ehyeh*, donde no está escrito

---

[17] *Maljut*, el juicio laxo.
[18] *Jojmah*, el principio de la emanación.

asher ehyeh.[19] Y encontramos en el libro del rey Salomón *asher*.[20] Al estar asociado con el placer, el palacio existió en un estado de exaltación, como está escrito: "¡Feliz de mí!, pues me felicitarán las demás" (*Génesis* 30:13). *Ehyeh*, es decir, a punto de engendrar. Vengan y vean cómo el Santo, bendito sea, bajó de un nivel al siguiente a fin de revelar el misterio del santo nombre y mostrar a Moisés el vínculo de la fe. Antes que nada *Ehyeh*, la suma de todo, el oculto, el que no es revelado en lo absoluto, como ya he dicho. Y un signo de esto es: "yo estaba allí, como arquitecto";[21] y está escrito: "Ignora el hombre su sendero."[22] Tras esto Él[23] hizo surgir el misterio del supremo principio, el comienzo de todo,[24] y este río, la suprema madre, fue preñada, destinada a producir descendencia, y Él dijo: *asher ehyeh*, es decir: a punto de engendrar y de disponerlo todo. Y entonces empezó a engendrar. Por eso no está escrito *asher* sino solamente *ehyeh*, como quien dice: "ahora, que todo emerja y sea dispuesto a la perfección". Cuando todo había emergido y había sido dispuesto, cada cosa en su lugar, Él lo dejó todo[25] y dijo "*Yahveh*":[26] ésta es la existencia particular y real. En ese momento Moisés conoció el misterio del santo nombre, lo secreto y lo revelado, y percibió lo que nigún otro ser humano ha percibido. ¡Bendita sea su porción!

Rabí Eleazar fue y le besó las manos.

Él le dijo: Eleazar, hijo mío, de ahora en adelante ten cuidado de escribir el nombre santo como debe ser escrito, pues a aquel que no sepa escribir el santo nombre como debe, y atar el nudo de la fe, ligando lo uno con lo otro para unificar el santo nombre, a aquél se refiere el versículo: "Por haber despreciado la palabra de Yahveh y quebrantado su mandato, será exterminado tal individuo: su pecado pesa sobre él" (*Números* 15:31); aunque sólo pase

[19] *Éxodo* (3:14), en la oración: " 'Yo soy'[*Ehyeh*] me ha enviado a vosotros."
[20] Con la palabra *asher* se alude al placer de la cópula. *Binah*, el palacio, se une a *Jojmah* en la cópula.
[21] *Proverbios* (8:30). Otra traducción da, en vez de "arquitecto", "el hijo querido", "el discípulo fiel" del Creador (véase *Biblia de Jerusalén*).
[22] *Job* (28:13). En hebreo en vez de "sendero" aparece "precio" (véase *Biblia de Jerusalén*).
[23] *Keter*.
[24] *Jojmah*.
[25] Dejó incluso el nombre *Ehyeh*.
[26] *Éxodo* (3:15).

por alto un nivel, o un nudo de una de las letras. Vengan y vean, *Yod* al principio es la suma de todo, oculto por todos lados; los caminos no están abiertos; la suma de macho y hembra; el punto más alto de *Yod*, que señala a *Ayin*.[27] Después tenemos la *Yod* que hace surgir al río que fluye y emerge de ella, y que es fecundado por ella: *Hei*. Acerca de esto está escrito: "De Edén salía un río que regaba el jardín" (*Génesis* 2:10). Dice "salía", no "salió"; en consecuencia, no quería separarse de ella. Así pues, está escrito "...amada mía" (*Cantar de los cantares* 1:9 y varios otros lugares). Si tú objetas y dices que está escrito "río", en singular, cuando en realidad tenemos tres, respondo que así es, en efecto. *Yod* produce tres, y en esos tres todo está contenido. *Yod* produce frente a sí misma el río y dos hijos,[28] a quienes amamanta, ya que los concibió y parió. Después tenemos *Hei*, de la siguiente manera: *Hei* junto con los hijos que están bajo el padre y la madre. Cuando parió, la madre tomó a su hijo y lo colocó frente a ella, por eso es necesario escribir *Vav*. Este hijo hereda el patrimonio del padre y de la madre, y hereda dos porciones. La hija toma de él su sustento; por eso es necesario escribir, a partir de esto, *Vav-Hei* junto. Así como la primera *Hei* se escribe *Yod-Hei* junto, sin separación, así también *Vav-Hei* van juntas, sin separación.

Así hemos explicado estos asuntos, y estas palabras ascienden a otro lugar. Bienaventurada sea la parcela de los hombres de bien, que saben los misterios supremos del santo Rey, y que tienen la capacidad de darle gracias a Él. Esto quiere decir el versículo: "Sí, los justos darán gracias a tu nombre, los rectos morarán en tu presencia" (*Salmos* 140:14). [*Zohar* III, 65a-65b.]

Las letras

Vengan y vean. El mundo fue grabado y establecido con cuarenta y dos letras, todas ellas corona del santo nombre. Cuando fueron unidas ascendieron al reino de arriba y después descendieron al reino de abajo. Fueron adornadas con coronas en las cuatro esquinas del mundo, y éste pudo entonces sobrevivir. Tras esto las le-

---

[27] Es decir, *Keter*, que lo comprende todo sin diferenciación.
[28] *Tiferet* y *Maljut*.

tras salieron y crearon el mundo de arriba y el mundo de abajo, el mundo de la unificación y el mundo de la separación, y son llamadas "los montes de Béter" (*Cantar de los cantares* 2:17), montañas de la separación, que son renovadas cuando el lado del sur (*Jesed*) empieza a acercarse a ellas. Entonces fluyen las aguas, y todo se regocija gracias a esa fuerza que fluye desde arriba. Cuando el pensamiento (*Jojmah*) se alzó en la gozosa voluntad (*Keter*) del misterio de los misterios (*En-Sof*), hubo una luz radiante que fluyó de él, y se acercaron entre sí *Jesed* y la luz de *Jojmah*. Esto ya ha sido explicado. Las cuarenta y dos letras son un misterio supremo; por ellas fueron creados el mundo de arriba y el mundo de abajo. Ellas son el fundamento y el misterio de todos los mundos. Por eso está escrito: "El secreto de Yahveh es para quienes le temen" (*Salmos* 25:14); "su alianza, para darles cordura" (*idem.*): éste es el misterio de las letras grabadas que se revela en su relieve.[29]

Está escrito: "En el pectoral del juicio pondrás el Urim y el Tummim" (*Éxodo* 28:30), y ya lo han interpretado. "Los Urim" son los que brillan (*me'irim*), el misterio del espejo (*Tiferet*).[30] Y esto se refiere al grabado de las letras del santo nombre con el misterio de las cuarenta y dos letras con las que fueron creados los mundos, y que estaban impresas en él. "Los Tummim" son el misterio de estas letras cuando están contenidas en el espejo que no brilla (*Maljut*), y que se guía por las setenta y dos letras grabadas que son el misterio del santo nombre.[31] Juntos son llamados "Urim y Tummim". [*Zohar* II, 234a-234b.]

La flama y la gota

"Entonces Melquisedec, rey de Salem, presentó pan y vino" (*Génesis* 14:18). Rabí Simón empezó citando: "Su tienda está en Salem" (*Salmos* 76:3). Vengan y vean. Cuando el Santo, bendito sea, quiso crear el mundo, sacó una sola flama de la chispa de la

---

[29] Las letras espirituales del nombre de cuarenta y dos letras son reveladas cuando se encuentran activas en el mundo de abajo.

[30] Que contiene, escondido, el nombre de cuarenta y dos letras.

[31] El nombre de setenta y dos letras está hecho de los tres versos del *Éxodo* (14:19-21).

oscuridad (*Binah*), y sopló chispa sobre chispa. Oscureció y después se encendió. Sacó de las cuencas del abismo (*Jojmah*) una sola gota (*Jesed*); unió la flama con la gota y con ellas creó el mundo. La flama ascendió y fue coronada a la izquierda,[32] y la gota descendió y fue coronada a la derecha.[33] Una a otra se encontraron y cambiaron lugares, una en un lado y la otra en el otro: la que descendió fue hacia arriba, y la que ascendió fue hacia abajo. Se entrelazaron y un espíritu perfecto (*Tiferet*)[34] emergió de ellas. Los dos lados de inmediato se hicieron uno, el espíritu se colocó entre ellos y fueron coronados el uno por el otro. Entonces hubo paz arriba y abajo, y todo se niveló.[35] *Hei* fue coronada con *Vav* y *Vav* con *Hei*; *Hei* ascendió y se unió en un lazo perfecto. Entonces "Melquisedec, rey de Salem", en verdad "rey de Salem": el rey que reinó sobre la perfección.[36] [*Zohar* I, 86b-87a.]

El pecado y el arrepentimiento

Rabí Aba estaba viajando una vez a Capadocia con rabí José. Durante el viaje se encontraron a un hombre que tenía una cicatriz en la cara.

Rabí Aba dijo: Detengámonos aquí porque la cicatriz de este hombre es testimonio de que ha transgredido las prohibiciones sexuales de la *Torah*. Por eso lleva una marca en la cara.

Rabí José le dijo: Si tuviera estas marcas desde su nacimiento, ¿qué ofensas sexuales pudo haber cometido?

Él dijo: Puedo ver que su rostro muestra el haber cometido actos sexuales prohibidos por la *Torah*.

Rabí Aba lo llamó y dijo: Dime, ¿qué es esa cicatriz que tienes en la cara?

Él les dijo: Ruego a ustedes que no castiguen más a un hombre cuyos pecados ya han sido su gran castigo.

Rabí Aba dijo: ¿Qué quieres decir?

Él respondió: Un día estaba yo de viaje con mi hermana. Nos

---

[32] *Gevurah* se le unió a la izquierda.
[33] *Jesed* se le unió a la derecha.
[34] Representado por el elemento del aire.
[35] Se estableció el sistema de las *sefirot*.
[36] *Shalem* significa "perfecto".

detuvimos en una posada, y yo me emborraché y pasé toda la noche con ella. Nos levantamos por la mañana y nos encontramos al posadero luchando con otro hombre. Me puse entre los dos pero me detuvieron, cada uno de un lado, y recibí este golpe en la cabeza. Me salvó la vida un doctor que casualmente se encontraba ahí.

Él le dijo: ¿Quién era este doctor?

Él respondió: Era rabí Simlai.

Él dijo: ¿Qué tipo de curación te dio?

Él respondió: Una cura para el alma. Desde aquel día me he arrepentido. Cada día veo mi rostro en el espejo y lloro por ese pecado ante el Santo, bendito sea, que es el Señor de todos los mundos. Y lavo mis ojos con esas lágrimas.

Rabí Aba dijo: Si fuera posible un arrepentimiento total, en tu caso yo cancelaría la marca de tu cara. Pero pronunciaré ante ti las palabras: "Se ha retirado tu culpa, tu pecado está expiado" (*Isaías* 6:7).

Él le dijo: Dilo tres veces.

Él lo dijo tres veces y la marca desapareció.

Rabí Aba dijo: Ya que tu Señor quiso cancelar la marca, es porque tu arrepentimiento es verdadero.

Él le dijo: Prometo que a partir de este día estudiaré la *Torah* día y noche.

Él dijo: ¿Cuál es tu nombre?

Él respondió: Eleazar

Él dijo. "Dios ha ayudado" (*El azar*).[37] Tu nombre te llevó a obtener la ayuda y el apoyo que has recibido de Dios.

Rabí Aba se despidió y lo bendijo.

En otra ocasión, rabí Aba fue a visitar a rabí Simón. Llegó a la ciudad del pecador arrepentido y lo encontró enseñando y explicando el versículo: "El hombre estúpido no entiende, el insensato no comprende estas cosas" (*Salmos* 92:7): "El hombre estúpido no entiende..." Que estúpidos son los seres humanos que no pres-

---

[37] *El azar* significa "Dios ayudó". En este pasaje, como en tantos otros, encontramos esa relación estrecha entre el nombre propio y el destino del hombre. El nombrar no es, para el *Zohar*, como no lo fue para el mundo arcaico, un acto arbitrario; por el contrario, todo nombre lleva inscrito en sus letras el destino propio de cada individuo. La relación entre el nombre y la cosa (la persona) no es arbitrario sino natural; existe entre ambos una identificación que no pasa por la forma tripartita del signo.

tan atención ni entienden, y que ni siquiera tratan de entender los caminos del Santo, bendito sea, que se relacionan con la naturaleza de sus vidas en el mundo. ¿Qué les impide entender? Su estupidez radica en que no estudian la *Torah*. Si estudiaran la *Torah* entenderían los caminos del Santo, bendito sea. "El insensato no comprende estas cosas" porque no conoce ni entiende las leyes del *zot* (ésta) en el mundo, ni de qué manera ella enjuicia al mundo. Ellos ven los juicios de *zot* que afectan a los justos, pero que no afectan a los malvados culpables que transgreden los preceptos de la *Torah*, como está escrito: "Si brotan como hierba los impíos, si florecen todos los agentes del mal" (*ibid.* 8). Ellos poseen el mundo en todos sus aspectos, y los castigos no caen sobre ellos en este mundo. Y si el rey David no hubiera mencionado esto al final del versículo, no sabríamos que "Serán destruidos para siempre", de manera que serán destruidos en el mundo venidero, y se convertirán en polvo bajo los pies de los justos, como está escrito: "Y pisotearéis a los impíos, porque serán ellos ceniza bajo la planta de vuestros pies" (*Malaquías* 3:21).

Él empezó citando: "me acorrala; mi calumniador se ha hecho mi testigo, se alza contra mí, a la cara me acusa" (*Job* 16:8). ¿De qué trata este versículo? Feliz es el hombre que estudia la *Torah* para entender los caminos del Santo, bendito sea. Ya que cuando uno estudia la *Torah* es como si estudiase Su propio nombre.[38] Igual que el nombre del Santo, bendito sea, mide el castigo, así lo hace la *Torah*. Vengan y vean. Cuando un hombre transgrede los preceptos de la *Torah*, ésta asciende y desciende y deja marcas en su rostro, de manera que tanto los seres superiores como inferiores puedan reconocerlo. Y todos ellos lanzan maldiciones sobre su cabeza. Se ha enseñado: Todos "los ojos del Señor", que van de un lado a otro a través del mundo para observar los caminos del hombre, se levantan para ver el rostro de este hombre, y cuando lo ven abren la boca en contra de él diciendo: "¡Ay, Ay! Pobre de aquél en este mundo y pobre de él en el mundo venidero. Aléjate de esto y esto, ya que su rostro testimonia en su contra, y en él descansa un espíritu de impureza." Y si tiene un hijo mientras la marca

---

[38] Gershom Scholem, el mayor estudioso de la Cábala, sostiene que el nombre de Dios es al mismo tiempo el más corto y el más largo, ya que en más de un sentido la *Torah* en su conjunto no es vista sino como la narración misma del nombre divino.

permanece ahí en su rostro para testimoniar en su contra, él se lleva un espíritu del dominio de la impureza. Éstos son los malvados de las generaciones, los tercos y duros de corazón a quienes el Maestro deja en paz en este mundo para destruirlos en el mundo venidero.

Hemos aprendido: Para el hombre justo e inocente que estudia la *Torah* día y noche, el Santo, bendito sea, extrae un hilo de amor y le deja su marca en el rostro. Este signo da miedo a los seres superiores e inferiores. De la misma manera, en el hombre que transgrede los preceptos de la *Torah* surge un espíritu de impureza y su rostro queda marcado, y los seres superiores e inferiores se alejan de él y proclaman: Aléjate de aquel tal y tal que ha transgredido los preceptos de la *Torah* y los mandamientos de su Maestro.¡Pobre de él! Ese hombre lleva el espíritu de la impureza y se lo transmite a su hijo. Éste es el hombre de quien el Santo, bendito sea, no se compadece y a quien deja en paz en este mundo para destruirlo en el mundo venidero.

Rabí Aba le dijo: Has hablado bien. ¿Cómo sabes esto?

Él le dijo: Lo he aprendido. Y también aprendí que todos sus hijos reciben esta herencia del mal, a menos que se arrepientan, ya que nada se antepone al arrepentimiento. Aprendí esto a partir de la curación que obtuve una vez cuando mi rostro estaba marcado, un día, mientras caminaba y me encontré con un hombre justo que hizo desaparecer la marca de mi rostro.

Él le dijo: ¿Cómo te llamas?

Él respondió: Eleazar. Pero él me llamó de una manera diferente, *El azar*.[39]

Él dijo: Bendito Sea el Misericordioso ya que te he visto y me ha sido permitido escuchar de tu boca todo esto. Fui yo quien te encontró aquella vez. [*Zohar* III, 75b-76a.]

La doctrina de la Trinidad

Escucha, oh Israel, *Adonai Eloheinu Adonai* es uno. Estos tres son uno. ¿Cómo es posible que los tres nombres sean uno? Sólo a

---

[39] Es decir, él cambió mi nombre y lo dividió en dos partes para mostrar que yo me había convertido en un hombre diferente.

través de la percepción de la fe: en la visión del espíritu sagrado, en la contemplación del ojo oculto. El misterio de la voz audible es similar a esto ya que, a pesar de ser uno, consiste en tres elementos: fuego, aire y agua, que sin embargo se han convertido en uno, en el misterio de la voz. Lo mismo sucede con el misterio de las tres formas de manifestación divina designadas por *Adonai Eloheinu Adonai*, tres modalidades que sin embargo forman una unidad. Éste es el significado de la voz que el hombre produce en el acto de comprensión, cuando su intención es unificarlo todo, desde el *En-Sof* hasta el término de la Creación. Ésta es la unificación que se realiza diariamente, el secreto que ha sido revelado a través del espíritu sagrado. [*Zohar* II, 53b.]

El beso

Otra interpretación: "Que me bese con los besos de su boca" (*Cantar de los cantares* 1:2). ¿Qué quiso decir el rey Salomón al introducir palabras de amor entre el mundo superior y el mundo inferior, y al empezar elogiando el amor, que él introdujo entre ellos con las palabras "que me bese"? Ya se ha dado una explicación de esto, y es que el amor intenso de un espíritu hacia otro sólo puede ser expresado por un beso, y un beso se da en la boca, ya que es la fuente y el lugar de salida del espíritu. Cuando se besan uno al otro los espíritus se unen, se convierten en uno, y entonces el amor es uno.

En el libro del viejo Rav Hamnuna Sava, él escribe sobre este versículo: El beso de amor se extiende en cuatro espíritus; los cuatro espíritus se unen y se encuentran dentro del misterio de la fe y ascienden en cuatro letras; éstas son las letras de las que depende el Santo nombre, de las que dependen los reinos superiores e inferiores y de las que depende la alabanza en el *Cantar de los cantares*. Y, ¿cuáles son? *Alef, Hei, Bet, Hei.*[40] Ellas constituyen el Carro supremo y ellas son la asociación, lo unísono y la totalidad de todo. Estas cuatro letras son cuatro espíritus, los espíritus del amor y del deleite, ya que los órganos del cuerpo no sienten ningún dolor. Existen cuatro espíritus en el beso y cada uno de ellos está

---

[40] Estas cuatro letras conforman la palabra amor (*hajabah*).

incluido en el de su compañero. Y ya que un espíritu está incluido dentro del otro y este otro está incluido en el primero, los dos espíritus se convierten en uno. Entonces los cuatro se unen completamente en uno solo, unión fluyendo el uno en el otro, contenidos cada uno dentro del otro. Cuando se esparcen, un único fruto surge de estos cuatro espíritus: un espíritu que contiene cuatro espíritus. Este fruto asciende y hiende firmamentos hasta que llega y habita a un lado del palacio llamado "el palacio del amor", del que depende toda clase de amor, y a este espíritu se le llama de manera similar "Amor". Cuando este espíritu asciende, estimula al palacio para que se una con el que se encuentra en el mundo de abajo. [*Zohar* II, 1.]

Y la gente vio las voces

Se ha pensado que cuando Dios se reveló al hombre en el monte Sinaí, todos los hombres del pueblo de Israel vieron como quien ve una luz a través de un cristal. Y desde ahí cada uno vio lo que Ezequiel el profeta no vio. ¿Por qué? Porque aquellas voces superiores fueron reveladas (o, de acuerdo con una variante de lectura, grabadas) en una, como está escrito: "Y toda la gente vio las voces." Pero para Ezequiel, la *Shejinah* fue revelada en su Carro, pero no más. Ezequiel vio como alguien que ve a través de muchas paredes. [*Zohar* II, 82b.]

Abraham y la alianza de la circuncisión

Está escrito a propósito de Abraham: "Así será tu descendencia" (*Génesis*, 15:5), "tu simiente" en sentido estricto, como hemos dicho, y la letra *Hei*[41] le fue impuesta. Si la letra *Hei* no le hubiera sido impuesta a Sarah, Abraham hubiera engendrado en el mundo de abajo como este *Ko*, que concibe en el mundo de abajo. Una vez que la *Hei* le fue otorgada a Sara, su *Hei* y la de Abraham se

[41] La letra *Hei* ה en hebreo corresponde a la letra *h*. En el nombre de Dios, Yahveh, aparecen dos *Hei* הה, una *Yod* י y una *Vav* ו. De ahí que se haga referencia a su nombre para hablar de su doble identidad masculina y femenina.

unieron y engendraron en el mundo de arriba, y lo que salió fue la *Yod*. Por eso esta letra es la inicial del nombre de Isaac (*Ytshaq*), que es masculino. Desde entonces lo masculino comenzó a desplegarse, y está escrito "por Isaac llevará tu nombre una descendencia" (*Génesis* 21:12).[42] Por Isaac y no por ti mismo. Isaac engendró en lo alto, como está dicho "Otorga fidelidad a Jacob" (*Miqueas* 7:20), lo que indica que Jacob llevó todo a buen término. Y si te sorprende que Abraham sólo se haya unido a este nivel y no más, y de ahí esté escrito "amor a Abraham" (*idem*.), has de saber que su participación consistió en que se mostró amoroso con los hijos del mundo, pero en cuanto al acto de engendrar, se unió a este nivel bajo, a partir del cual comenzó. Ésta es la razón por la que Abraham no fue circuncidado más que a la edad de noventa y nueve años; el secreto de esta idea es conocido y se enseña en nuestra *Mishnah*. Ésta es la razón también por la que Isaac, que es inexorable justicia, ha nacido para estar unido a su parte; pero en cuanto al hecho de engendrar es llamado "amor". Finalmente Jacob llevó todo a la perfección, tanto de un lado como del otro: ahí donde Abraham e Isaac fueron investidos según su parte, en el mundo de arriba hay plenitud; y ahí donde les fue otorgado engendrar de lo bajo hacia el mundo de arriba hay plenitud. Acerca de esto está escrito: "Tú eres mi siervo (Israel), en quien me gloriaré" (*Isaías* 49:3). Es en él donde los colores del mundo de arriba y los del mundo de abajo se unen. En el versículo citado[43] está escrito "canción" (y no "reprimenda"), según las palabras "voy a cantar a mi amigo", porque el canto se dirige a la concepción de un ser masculino, llamado "amigo", antes de que llegue al mundo. Algunos dicen que el "bien amado" designa a Abraham, como lo refiere un versículo: "¿Qué hace mi amada en mi casa?" (*Jeremías* 11:15), ya que lo que Abraham heredó propiamente lo destinó a sus herederos. Sin embargo, lo que habíamos dicho[44] de esta locución refiriéndola a Isaac es más exacto. La expresión "Voy a cantar a mi amigo la canción de su amor por su viña" (*Isaías* 5:1) se refiere al Santo, bendito sea, que es llamado "amigo", como está

---

[42] El texto da como referencia *Génesis* (21:2), tal vez sea un error.

[43] "Voy a cantar a mi amigo la canción de su amor por su viña" (*Isaías* 5:1). El versículo, citado en el texto unas líneas más arriba, es el principio de lo que se ha llamado "Canción de la viña".

[44] Con anterioridad en el texto.

escrito: "Mi amado es fúlgido y rubio" (*Cantar de los cantares* 5:10);[45] o cuando "mi amigo" (Isaac) se une a "mi amado" en masculino, gracias a él la viña es plantada: "Una viña tenía mi amigo" (*Isaías* 5:1). [*Zohar* I, 96a-b.]

Antes de que Abraham fuera circuncidado, Él le hablaba sólo a través de visiones, como ya se ha explicado a propósito de las palabras "Fue dirigida la palabra de Yahveh a Abram en visión" (*Génesis* 15:1). Esta visión es el nivel en el que todos los aspectos se hacen visibles, y es el secreto de la alianza. Esto parece contradecir lo que se ha dicho anteriormente, a saber: que mientras Abram no estaba circuncidado sólo se le interpelaba en ese nivel, al cual no están unidos los demás. ¿Cómo podemos decir ahora que en la "visión" aparecen todos los niveles? En verdad, este nivel es la mira o punto de convergencia de todos los niveles que están arriba, y gracias a este punto Él se perfecciona. Incluso en el tiempo durante el cual Abraham no estaba circuncidado, este nivel llamado "visión" era la mira de todos los niveles superiores y contenía todos los colores. Los colores que ahí aparecían se mantenían abajo: el uno a la derecha, para el color blanco; el otro a la izquierda, para el color rojo, y otro, finalmente, que confundía todos los colores. Así se transparentaban todos los colores superiores que lo dominaban. Es entonces a través de esta visión como Él se mantenía cerca de Abram y le hablaba, aunque este último estaba aún incircunciso. Una vez realizado esto, como está escrito a continuación: "Cuando Abram tenía noventa y nueve años, se le apareció Yahveh" (*ibid.* 17:1). Miren lo que sigue: a propósito de Balaam, es cuestión de "Visión de Shadai" *(Números* 24:4); mientras que, tratándose de Abraham, es sólo cuestión de "visión", sin más explicaciones. ¿Qué es lo que los diferencia? La "Visión de Sadday" designa una visión que no se refiere más que a los seres angélicos que son Sus subalternos; la "visión" sin más designa aquella que mira hacia *YHVH* y en la cual se traslucen todas las figuras supremas. Por lo tanto, en el caso de Abraham se menciona simplemente la palabra "visión", y en el caso de Balaam la expresión "Visión de Shadai". Mientras Abraham estaba incircunciso, el nivel consabido estaba con él. Una vez circuncidado "se le apareció Yahveh"

---

[45] En el texto: "blanco y rojo".

(*Génesis* 17:1). De ahí en adelante aparecieron todos los niveles que estaban arriba, y el nivel consabido se dirigió a Abraham bajo una forma completa y perfecta. Abraham se unió con todo el peso y la fuerza a todos los niveles, uno tras otro, y se introdujo al fin en el santo signo de la alianza de manera apropiada y total. A partir de que fue circuncidado salió del estado de "incircuncisión", entró en el santo signo, se coronó con la diadema suprema[46] y se introdujo en el pilar (la alianza) sobre el que se sostiene el mundo. Así que gracias a él el mundo fue establecido, como está escrito: "Pues bien, dice Yahveh: si no he creado el día y la noche,[47] ni las leyes de los cielos y la tierra he puesto" (*Jeremías* 33:25). [*Zohar* I, 91a-91b.]

[46] Es decir, se coronó con el nombre de Dios inscrito en su sexo.
[47] "Mi alianza de día", *beriti yomam* (hebreo) (véase *Biblia de Jerusalén*).

DEL BIEN Y DEL MAL

El bien y el mal

Rabí Isaac estaba sentado frente a rabí Eleazar. Le dijo: El amor que el hombre siente hacia el Santo, bendito sea, es estimulado sólo por el corazón, porque el corazón es el agente que despierta el amor por Él. Si esto es así, ¿por qué dice el verso, primero: "...con todo tu corazón", y a continuación: "con toda tu alma y con toda tu fuerza"? (*Deuteronomio* 6:5). Esto implica que hay dos métodos, uno relacionado con el corazón y el otro con el alma. Si el corazón es el factor determinante, ¿qué papel desempeña el alma?

Él le dijo: es verdad que el corazón y el alma son dos, pero ambos están unidos en uno. Corazón, alma y sustancia se encuentran unidos, pero el corazón es el factor primordial y el fundamento de todo. Éste es el significado de "con todo tu corazón", con ambos corazones, a saber: la inclinación al bien y la inclinación al mal, a cada una de las cuales se le llama "corazón". A una se le llama "el corazón bueno" y a la otra "el corazón malo"; así cuando dice "con todo tu corazón" quiere decir con ambas inclinaciones, al bien y al mal. "Con toda tu alma": podía haber dicho simplemente "con tu alma". ¿Por qué "con toda tu alma"? Es para incluir a *nefesh*, *ruaj*, y *neshamah*. De ahí "con toda tu alma", es decir, con todo lo que contenga tu alma. "Y con toda tu fuerza": de manera similar existen diferentes tipos de sustancia, y por eso está escrito "con toda".[1] El amor hacia el Santo, bendito sea, implica ofrecerle todo esto, amarlo con todas estas partes.

Bien puedes preguntarte cómo es posible que un hombre lo ame con la inclinación al mal, puesto que ésta es hostil y trata de evitar que el hombre sirva al Santo, bendito sea. ¿Cómo entonces puede

---

[1] La interpretación rabínica tradicional de "fuerza" es "sustancia".

amarlo así? La respuesta es que ésta es una mejor forma de servir al Santo, bendito sea, ya que la inclinacion al mal es subyugada por el amor que siente hacia el Santo, bendito sea. Cuando la inclinación al mal es subyugada y el hombre es capaz de romperla: he aquí el amor del Santo, bendito sea, porque ha aprendido a traer a la inclinación al mal a Su servicio.

Aquí tenemos un misterio de los maestros. Cualquier cosa que el Santo, bendito sea, ha hecho tanto en el mundo de arriba como en el de abajo, lo ha hecho sólo para demostrar Su gloria, y todo está dirigido hacia Su servicio. ¿Quién ha visto alguna vez a un sirviente que acusa a su amo y que protesta contra todo lo que el amo desea hacer? Es el deseo del Santo, bendito sea, que los hombres lo sirvan continuamente y anden por el camino de la verdad, para que Él pueda recompensarlos con muchas cosas buenas. Ahora, puesto que éste es el deseo del Santo, bendito sea, ¿cómo puede venir el malvado sirviente, oponerse al deseo de su Amo y persuadir a los hombres a que tomen el camino del mal, forzarlos a que se alejen del buen camino y hacerlos desobedecer a su Señor? Sucede que en realidad está cumpliendo la voluntad de éste.

Hay una historia sobre un rey que tenía sólo un hijo, al que amaba mucho. Por el amor que le tenía le ordenó que no se uniera con una mala mujer, pues a quien lo hiciera no se le permitiría entrar en el palacio del rey. El hijo, por amor, aceptó obedecer la voluntad del padre. Junto a la morada del rey vivía una prostituta que tenía un bello rostro y una hermosa figura. Un día el rey dijo: "Quiero ver la disposición que tiene mi hijo hacia mí. Llamen a esa prostituta y díganle que lo seduzca, para que yo pueda ver cómo es su disposición hacia mí." ¿Y qué hace la prostituta? Se va tras el príncipe y empieza a abrazarlo, a besarlo y a seducirlo con todo tipo de ardides. Si el hijo es valioso y escucha con atención las órdenes de su padre, la rechaza, no le presta atención y la envía lejos de allí. Entonces el padre se regocija con su hijo; lo invita a entrar en la habitación más profunda del palacio, le otorga dones, regalos y un gran honor. ¿Quién ha traído toda esta gloria sobre el hijo? ¡La prostituta, sin duda! ¿Y merece alabanza por esto la prostituta o no? Ciertamente que sí. Debe ser alabada desde todos los ángulos; primero, porque llevó a cabo el mandato del rey; y segundo, porque dio al hijo la posibilidad de ganar todos estos bienes y el profundo amor del rey. Por eso está escrito: "Vio Dios cuanto había hecho, y todo estaba muy bien" (*Génesis* 1:31). "Bien" es el ángel de la vida; "muy" es el ángel de la muerte,[2] porque también está "muy bien" para quienquiera que escuche las órdenes de su Amo.

Vengan a ver. Si no hubiera un acusador, los virtuosos no heredarían los excelsos tesoros que han de poseer en el mundo por venir. Dichosos los que han conocido a este acusador, y dichosos los que no lo han conocido. Dichosos los que lo han conocido y han sido salvados de él, porque por él poseerán todas las cosas buenas y los deleites y placeres del mundo venidero, de los que está escrito: "Nunca se oyó, no se oyó decir, ni se escuchó, ni ojo vio a un Dios, sino a ti, que tal hiciese para el que espera en él" (*Isaías* 64:3). Y dichosos aquellos que no lo han conocido, porque a través de él los malvados que lo siguen y no obedecen a su Amo recibirán el *Gehinom* en herencia y serán expulsados de la tierra de los vivos. Así pues los virtuosos deben estarle agradecidos, ya que a través de él poseerán todas las cosas buenas y los placeres y deleites del mundo venidero.

Y, ¿qué provecho obtiene el acusador cuando los malvados lo escuchan? Aunque no obtenga ningún provecho, al menos ha llevado a cabo la voluntad de su Amo. Es más, gana fuerza gracias a esto. Puesto que es malo, obtiene fuerza cuando lleva a cabo el mal. Un hombre malvado gana fuerza sólo tras haber matado a alguien; entonces adquiere más confianza en su poder y siente placer. Sucede lo mismo con el acusador, que es llamado "el Ángel de la Muerte": su poder crece sólo cuando ha engañado y acusado y matado a alguien. Entonces está contento y se vuelve más fuerte y poderoso. Así como el poder de la vida se fortalece cuando los hombres son buenos y siguen el camino de la rectitud, de la misma manera el acusador gana fuerza y poder cuando los malvados lo escuchan y se encuentran bajo su control. ¡Que el Misericordioso los salve! Dichosos aquellos a quienes ha sido concedido el poder de derrotarlo, subyugarlo, y de esa manera ganar el mundo venidero gracias a él. El hombre recibe fuerza del Santo Rey todo el tiempo. Debido a esto se dice: "Dichosos los hombres cuya fuerza está en Ti, y las subidas en su corazón" (*Salmos* 84:6).

---

[2] *Me'od* ("muy","demasiado") suena como *mot* (muerte). La inclinación al mal se identifica con el Ángel de la Muerte; los dos son agentes del *Sitra ajra*.

Dichosos ellos tanto en este mundo como en el venidero. [*Zohar* I, 162b-163b.]

Rabí Hiyah empezó citando: "Muchas son las desgracias del justo, pero de todas le libera Yahveh" (*Salmos* 34:20). Vengan y vean cuántos perseguidores tiene un hombre, desde el mismo día en que el Santo, bendito sea, le da un alma para protegerlo en este mundo. Pues tan pronto como un hombre sale a la atmósfera, la inclinación al mal está allí, lista para acompañarlo, como ha sido explicado en el versículo "a la puerta está el pecado, acechando" (*Génesis* 4:7). Hemos aprendido que desde ese momento la inclinación al mal se convierte en su compañero. Vengan y vean que, en efecto, es así: pues todos los animales pueden cuidarse a sí mismos desde el momento en que nacen, y huir del fuego y de las situaciones dañinas; pero el hombre inmediatamente está listo para arrojarse en el fuego, porque la inclinación al mal se encuentra dentro de él y lo persuade a tomar caminos malignos.

Hemos explicado el verso: "Más vale mozo pobre y sabio que rey necio y viejo, que no sabe ya consultar" (*Eclesiastés* 4:13). "Más vale mozo": se refiere a la inclinación al bien, que es un muchacho, y se une tarde al hombre, pues se allega a él después de que ha cumplido los trece años, como ya se ha explicado. "Rey necio y viejo": rey es la inclinación al mal, que tiene ese título y gobierna sobre el género humano en este mundo. "Necio y viejo" porque en efecto es viejo ya que, como hemos explicado, tan pronto como un hombre nace y sale al mundo, esta inclinación lo acompaña; así pues se le llama "rey necio y viejo que no sabe ya consultar": no dice "ser consultor de alguien" sino "consultar", porque es tonto. Salomón (la paz sea con él) dijo de él: "El necio en las tinieblas camina" (*Eclesiastés* 2:14) porque se origina en las heces de la oscuridad, y nunca posee la luz.[3]

Rabí Simón dijo: Vengan y vean. Está escrito: "Más vale mozo pobre y sabio" ¿Quién es el "mozo pobre"? Ya han explicado claramente que es la inclinación al bien. Pero estas palabras están conectadas con el versículo "Fui joven, ya soy viejo" (*Salmos* 37:25). Es el joven a quien se refieren las palabras "mozo pobre", porque

---

[3] *Sitra ajra*, el origen de la inclinación al mal, depende de las heces del Juicio (*Din*) en *Gevurah*, que se llama "oscuridad".

no posee nada.[4] Pero, ¿por qué se le llama joven? Porque tiene la cualidad de la luna, que se renueva perpetuamente, y él es siempre "mozo". "Pobre" ya lo hemos explicado, y "sabio" porque la Sabiduría mora en él.[5] "El rey necio y viejo" es la inclinación al mal, como ya se ha explicado, ya que nunca sale de su impureza desde el momento en que empieza a existir; y es "necio" porque todos sus recursos son malvados y se encamina a desviar a la humanidad. "No sabe ya consultar": se confabula con los seres humanos a fin de confundirlos y sacarlos del buen camino para conducirlos hacia las sendas del mal.

Vengan y vean. La inclinación al mal se une al hombre al principio, el día en que nace, de manera que él aprende a confiar en ella, pero la toma como una carga. Hemos aprendido algo parecido: ¿quién es el malvado astuto? El litigante que defiende su caso ante el juez antes de que llegue su adversario, como está dicho: "Parece justo el primero que pleitea; mas llega su contendiente y lo pone al descubierto" (*Proverbios* 18:17). Esto es lo que hace el malvado astuto, como está dicho: "La serpiente era el más astuto de todos los animales del campo" (*Génesis* 3:1); viene y se junta con el hombre antes de que su contendiente pueda unirse a él. Y, como ya ha llegado y ha defendido su caso, cuando llega su contendiente (la inclinación al bien) el hombre, como si llevara sobre los hombros todo el peso del mundo, no puede levantar la cabeza y apenas se mantiene: todo por aquel malvado astuto que lo abordó primero. Salomón dijo a este respecto: "[...] la sabiduría del pobre se desprecia, y sus palabras no se escuchan" (*Eclesiastés* 9:16), porque el otro había llegado antes. Consecuentemente, el juez que acepta la evidencia que presenta un hombre antes de escuchar la otra parte actúa como si hubiera tomado la idolatría por la verdadera fe, "mas llega su contendiente y lo pone al descubierto". Así es como actúa el hombre de bien, que no confía en el malvado astuto hasta que llega la otra parte: la inclinación al bien. Muchos hombres tropiezan debido a esto, y pierden la vida venidera. Pero el hombre de bien, que teme a su Maestro, tiene que sufrir muchos males en este mundo para no depositar su confianza en la inclinación al mal y cooperar con ella. Y el Santo, bendito

---

[4] La *Shejinah* no tiene luz propia, pero es iluminada por las *sefirot* que están sobre ella.
[5] La suprema fuente de la luz de la *Shejinah* está en *Jojmah* (la Sabiduría).

sea, lo salva de todos ellos. Éste es el significado de: "Muchas son las desgracias del justo, pero de todas le libera Yahveh". No dice: "Muchos son los males para el hombre de bien", sino "del hombre de bien", porque el Santo, bendito sea, se complace con él.[6] Así pues el Santo, bendito sea, se complace con ese hombre y lo rescata en toda ocasión, tanto en este mundo como en el que viene. ¡Bienaventurada sea su porción! [*Zohar* I, 179a-179b.]

El "otro lado"

Rabí Simón empezó citando: "Mas nadie dice: ¿Dónde está Dios, mi hacedor (literalmente "hacedores"), el que hace resonar los cantares en la noche?" (*Job* 35:10) Se ha interpretado este verso, y ya ha sido explicado. Pero, ¡"Hacedores"! Debería estar escrito "Hacedor". ¿Por qué "Hacedores"? El nombre *Eloah* (Dios) es un nombre que lo contiene todo, en el cual puede reconocérsele a Él y a Su Corte. Este nombre está completo, incluye tanto al hombre como a la mujer, *Alef*, *Lamed*, *Vav*, *Hei*.[7] De ahí "Hacedores". "El que hace resonar los cantares en la noche", porque ofrece continuamente alabanzas al rey que posee la paz, como una lámpara que nunca se apaga. Consecuentemente, "él hace resonar los cantares en la noche". Todas las estrellas que brillan en el firmamento agradecen y alaban al Santo, bendito sea, el tiempo en que pueden ser vistas en el firmamento, porque los ángeles que se encuentran arriba agradecen y alaban durante cada periodo de guardia, en las tres secciones de la noche.

Durante la noche muchos espíritus tienen sus tareas asignadas. Al principio, cuando cae la tarde y comienza a oscurecer, todos los espíritus malignos y los diferentes tipos de fuerzas del mal se extienden a lo largo del mundo y vagan por él. "El otro lado" se pone en marcha y pregunta a los espíritus santos por el camino a la casa del rey. Apenas se levanta "el otro lado", todos los habitantes del mundo prueban el sabor del sueño, que es la sexagésima parte de la muerte, y ésta reina sobre ellos. Tan pronto como la corrupción abandona los reinos superiores y desciende para reinar en el mun-

---

[6] Dios, gracias a su amor por él, lo ayuda a superar la tentación.
[7] Estas letras forman la palabra *hajabah*, que significa "amor".

do inferior, tres compañías se ponen en camino para alabar al Santo, bendito sea, en los tres periodos de la noche, de la misma manera en que lo hacen los compañeros cuando se levantan. Mientras que alaban al Santo, bendito sea, "el otro lado" vaga en todas direcciones en el mundo inferior y ellos no pueden unirse a su Maestro hasta que lo han sacado de ahí.

Éste es un misterio que conocen los sabios. Los ángeles en el mundo superior y el pueblo de Israel en el inferior, ambos rechazan "el otro lado". Cuando los ángeles en el mundo superior desean unirse con su Maestro, no lo pueden hacer hasta que logran echar fuera al "otro lado". ¿Qué hacen? Seiscientos mil ángeles santos descienden y provocan el sueño en todos los habitantes del mundo. Cuando "el otro lado", que han logrado echar fuera de ahí y al que han ofrecido el mundo durante el periodo de sueño, desciende, reina inmediatamente sobre ellos, y ellos reciben la impureza que viene de ese "otro lado", con excepción de la tierra de Israel, donde él no reina. Una vez que los abandona, ellos se presentan ante su Maestro, lo alaban y le agradecen. De la misma manera, el pueblo de Israel en el mundo inferior es incapaz de unirse con su Maestro hasta que haya rechazado "el otro lado" y le haya entregado una parte con la que pueda ocuparse; entonces él se acerca a su Maestro y no existe ningún acusador ni arriba ni abajo.

Podría decirse: eso está bien en relación con el mundo inferior, pero, ¿qué acusación podría haber en el mundo superior? Sin embargo, en el mundo superior también puede haberla porque se trata de un espíritu impuro y ellos son espíritus santos, no pueden acercarse a su Maestro hasta que se hayan librado del espíritu impuro, ya que la santidad no puede mezclarse con la impureza. De manera similar sucede con el pueblo de Israel en el mundo inferior; no puede mezclarse con las naciones del mundo, con los idólatras. Ambas partes, el mundo superior y el inferior, cuando quieren acercarse al Santo Rey, se libran del "otro lado". Por lo tanto, cuando cae la noche y los ángeles santos se colocan en fila para acercarse a su Maestro, el pueblo de Israel se libra primero de ese lado para después penetrar en la santidad.

Es parecido a la historia del rey que tenía algunas piedras preciosas en un cofre escondido en su palacio. Este rey era sabio, y para evitar que nadie se acercase a este cofre lleno de piedras preciosas y de joyas, astutamente colocó a una serpiente poderosa y la enroscó alrededor del cofre. Quienquiera que tratara de alargar la mano hacia el cofre sería atacado y herido por la serpiente. El rey tenía un amigo especial; le dijo: Cuando quieras acercarte y hacer uso del cofre haz esto y lo otro a la serpiente, y entonces podrás abrirlo y hacer uso del tesoro oculto. De la misma manera, el Santo, bendito sea, ha colocado una serpiente alrededor del reino de la santidad. Los ángeles del mundo superior llegan y tratan de entrar en la santidad, pero la serpiente está ahí y temen ser contaminados por ella.[8]

Podría decirse que todo está hecho de fuego y que el fuego no puede recibir la impureza. Vengan y vean. Está escrito: "Tomas por mensajeros a los vientos, a las llamas del fuego por ministros" (*Salmos* 104:4).[9] "Tomas por mensajeros a los vientos": éstos son los ángeles que se mantienen en el exterior. "Llamas de fuego por ministros": éstos son los ángeles que permanecen dentro. Él es un espíritu de impureza y ellos son espíritu. Los espíritus no penetran uno en el otro. Un espíritu impuro y un espíritu santo no se mezclan uno con el otro. Por lo tanto, aquellos que se llaman "espíritu" no pueden penetrar dentro del espíritu de la impureza. Pero aquellos que se encuentran dentro son fuego, y el fuego purifica la impureza para que el espíritu impuro no pueda penetrar. Consecuentemente, todos ellos se deshacen de la impureza para que no pueda mezclarse con ellos. Por lo tanto, los ángeles en el mundo superior alaban al Santo, bendito sea, después de que han logrado librarse de la impureza. [*Zohar* II, 172b-173b.]

Lilit

Vengan y vean. De la grieta del gran abismo, arriba, vino cierta hembra, el espíritu de todos los espíritus. Ya hemos explicado que su nombre era Lilit. Y en el mismo comienzo existió con el hombre. Cuando Adán fue creado y su cuerpo había sido terminado, mil espíritus del lado izquierdo se reunieron alrededor de él. To-

---

[8] Este pasaje resulta interesante pues señala con claridad la necesidad del mal. En este caso concreto, la serpiente, a pesar de pertenecer al "otro lado", cumple su función en favor del bien: cuida del cofre y de su tesoro.

[9] En el texto aparece: "Toman por mensajeros a los ángeles."

dos querían ganar la entrada a su cuerpo, pero no podían; al final el Santo, bendito sea, los increpó. Así pues Adán yacía, cuerpo sin espíritu; tenía una palidez verdosa y todos estos espíritus revoloteaban a su alrededor. En ese momento una nube descendió y los alejó a todos. En relación con este momento está escrito: "Dijo Dios: 'Produzca la tierra animales vivientes' " (*Génesis* 1:24). Ya hemos explicado que la hembra quedó preñada por el macho en el alma de Adán y produjo el espíritu compuesto de dos lados, como debía ser, para que pudiera ser infundido en Adán. Éste es el significado de "insufló en sus narices aliento de vida, y resultó el hombre un ser viviente" (*ibid.* 2:7) —un alma en verdad viviente. Quienquiera que tenga dudas acerca de esto porque no sabe si se refiere a la vida de abajo o a la vida llamada "Israel", o si es macho o hembra, debe observar que no dice "el ser viviente", sino "un ser viviente", sin determinación, lo que puede significar todo. Cuando Adán se levantó su esposa estaba unida a él por un lado; el alma santa que se encontraba en él se extendía por este lado y por el otro, y nutría a ambos porque en ambos estaba comprendida. Posteriormente el Santo, bendito sea, dividió a Adán y preparó a su hembra. Éste es el significado de "De la costilla que Yahveh Dios había tomado del hombre formó una mujer" (*ibid.* 2:22). "La costilla" es algo que hemos explicado antes, tal como aparece en *Éxodo* (26:20): "el [...] flanco de la Morada".[10] Y "la llevó ante el hombre" (*Génesis* 2:22), ataviada como una novia para el pabellón nupcial.

Cuando Lilit vio esto, huyó. Ahora está en las ciudades del mar y todavía se empeña en hacer daño a la humanidad. Cuando el Santo, bendito sea, destruya la perversa Roma y la convierta en eterna desolación traerá a Lilit y la establecerá en las ruinas, que estarán desoladas para siempre. Éste es el significado de "allí reposará Lilit y en él encontrará descanso" (*Isaías* 34:14). [*Zohar* III, 19a.]

"Dijo Dios: Haya luceros en el firmamento..." (*Génesis* 1:14). "Luceros" está escrito de manera defectuosa al significar que la asfixia fue creada para los bebés. Después de que se ocultó la ilu-

---

[10] "Costilla" y "flanco", en ambas referencias, corresponden al hebreo *zela*. En *Génesis* (2:22) generalmente se traduce por "costilla", pero en el texto se habla de "lado" porque se trata de enfatizar que Eva fue creada partiendo a Adán y arrancándole todo un lado que después se convirtió en Eva.

minación del primer lucero, se creó una concha para la parte central[11] y esta concha se extendió y produjo otra concha.[12] Cuando surgió, ascendió y descendió y llegó a "los pequeños rostros",[13] quiso unirse a ellos y tomar forma dentro de ellos y no abandonarlos jamás. Pero el Santo, bendito sea, se la llevó de ahí y la trajo al mundo inferior cuando creó a Adán, para que regulara este mundo. Cuando vio a Eva, que estaba ligada a la espalda de Adán y cuya belleza era como la de los reinos superiores, cuando vio su imagen perfecta, se alejó volando de ahí y deseó, como al principio, unirse a los "pequeños rostros". Los guardianes de las puertas celestes no le permitieron acercarse. El Santo, bendito sea, se lo reprochó y la mandó a las profundidades del mar, donde habitó hasta que Adán y su mujer pecaron. Entonces el Santo, bendito sea, la extrajo de las profundidades y ahora reina sobre todos los niños, "los pequeños rostros" del género humano, que merecen ser castigados a causa de los pecados de sus padres. Ella va de un lado a otro en el mundo y llega al terrenal Jardín del Edén y habita ahí al lado de una espada flamante, porque tuvo origen en ese lado de la flama. Cuando la flama da vuelta, ella vuela y atraviesa el mundo para encontrar niños que deban ser castigados; les sonríe y los mata. Esto sucede con la luna menguante, ya que la luz disminuye. Y éste es el sentido de *me'orot* (luceros). [*Zohar* I, 19b.]

El secreto de los secretos: de la fuerza del mediodía de Isaac,[14] pero también del abrigo de las vides,[15] brotó un retoño desnudo que comprendía tanto al macho como a la hembra, como un lirio rojo, y se extendieron en varias direcciones, por diversos caminos. El macho se llama "Samael" y su hembra[16] está siempre incluida en él. Así como en el lado de la santidad hay macho y hembra, de la misma manera en "el otro lado" hay macho y hembra, incluidos el uno en el otro. A la hembra de Samael se le llama "serpiente", "mujer de prostitución", "el final de toda la carne", "el final de los

[11] La palabra "concha" en este contexto se refiere al "otro lado", es decir, al lado del mal.
[12] Se trata aquí de Lilit.
[13] Se refiere a los querubines.
[14] De la fuerza del juicio en *Gevurah*, llamado "Isaac".
[15] El rechazo del juicio que se encuentra en el dominio de la santidad.
[16] Lilit.

días". Dos espíritus malignos están unidos entre sí. El espíritu masculino es bueno;[17] el espíritu femenino se extiende en varias direcciones y por diversos caminos, y está unido al espíritu masculino.

Ella se llena de adornos, como una abominable prostituta, y espera en las esquinas de calles y avenidas para atraer a los hombres. Cuando un tonto se le acerca lo abraza y lo besa, y mezcla su vino con veneno de serpiente para él. Cuando él ha bebido se desvía hacia ella, y cuando ella ve que él se ha desviado del camino de la verdad se quita todos los adornos que se había puesto por este tonto.[18]

He aquí las galas que utiliza para seducir a la humanidad: tiene el cabello largo, rojo como un lirio; la cara blanca y rosada; seis pendientes le cuelgan de las orejas; su cama está hecha de lino egipcio; rodean su cuello todos los ornamentos del Este; su boca está formada como una puerta pequeñita, embellecida con cosméticos; tiene la lengua aguda como espada y sus palabras son suaves como el aceite; labios hermosos, rojos como lirios, endulzados con todas las dulzuras del mundo. Está vestida de púrpura y aderezada con treinta y nueve adornos.

Este tonto se desvía hacia ella, y bebe del vaso de vino, y comete prostitución con ella, completamente enamorado. ¿Qué hace ella? Lo deja dormido en la cama y asciende a los reinos superiores; lo acusa, adquiere autoridad[19] y desciende. El tonto se despierta pensando en solazarse con ella como antes, pero ella se quita sus galas y se convierte en una feroz guerrera que se enfrenta a él vestida con una túnica de llamas. Una visión horrenda que aterroriza tanto al cuerpo como al alma: llena de ojos espantosos y en la mano una espada afilada con gotas de veneno suspendidas. Mata al tonto y lo arroja al *Gehinom*. [*Zohar* I, 148a-148b.]

Las puertas de la Muerte

Rabí Judah empezó diciendo: "¿Se te han mostrado las puertas de

---

[17] Samael es como el alma y Lilit como el cuerpo. Los hechos son fraguados por Lilit con el poder de Samael.

[18] Se quita el velo de la belleza y aparece como el Ángel de la Muerte, como se explica más abajo.

[19] Para matar al pecador.

la Muerte? ¿Has visto las puertas del país de la Sombra?" (*Job* 38:17). El Santo, bendito sea, dijo este versículo a Job cuando vio que estaba perturbado por Su juicio. Vengan y vean. Job dijo: "Él me puede matar: no tengo otra esperanza que defender mi conducta ante su faz" (*Job* 13:15). "En Él" está escrito con *Alef*, pero se lee como si tuviera una *Vav* y es un todo único. El Santo, bendito sea, le dijo: "¿Soy yo acaso el que mata a los hombres? ¿Se te han mostrado las puertas de la Muerte?" O, "¿has visto las puertas del país de la Sombra?" Hay muchas puertas abiertas en ese lado y la muerte reina sobre ellas; todas se encuentran escondidas y el hombre no las conoce. "¿Has visto las puertas del país de la Sombra?" ¿Cuáles son "las puertas de la Muerte"? y ¿cuáles son "las puertas del país de la Sombra"? La Muerte y la Sombra de la Muerte van juntas, una única unión. La Muerte ha sido ya explicada: es el Ángel de la Muerte, ya ha sido explicado. La Sombra de la Muerte: es el que cabalga sobre ella, la protege y le da fuerza. Pueden tener relaciones en una única unión y ser sólo uno; todos los niveles que emergen de ellos y que están ligados a ellos son sus puertas, de la misma manera que se da arriba en el reino de la santidad, como está escrito: "¡Puertas, levantad vuestros dinteles...!" (*Salmos* 24:7). A estas puertas se les llama "ríos" y "corrientes", los seis puntos terminales del mundo; tanto las puertas de la Muerte como las Sombras de la Muerte pertenecen al "otro lado" y se les conoce como niveles que reinan sobre el mundo. Las puertas de la Muerte y las puertas de la Sombra de la Muerte: una es femenina y la otra masculina, ambas se encuentran juntas. Acerca de esto habló el Santo, bendito sea, a Job cuando dijo: "Una nube se disipa y pasa, así el que baja al *sheol* [20] no sube más" (*Job* 7:9) y por todas las otras cosas, como dijo el Santo, bendito sea, "Te han sido reveladas las puertas de la Muerte", de manera que puedas saber que todas están en su poder y que todas serán canceladas del mundo, como está escrito: "Consumirá a la Muerte definitivamente..." (*Isaías* 25:8). [*Zohar* I, 160b.]

---

[20] Es el término con el que se designa el lugar a donde van a morar todos los muertos. Ya en la Edad Media este término adquirió el sentido de "infierno", y quedó asociado con la palabra *Gehinom*.

Los malos espíritus

Vengan y vean. Muchas destrucciones nocturnas vienen de esta mujer servil[21] que lanza acusaciones en contra de Israel. Pero el Santo, bendito sea, protege al pueblo de Israel como un padre que trata de proteger a su hijo de todo. El Santo, bendito sea, le dice al pueblo de Israel: Hay muchos acusadores en su contra. Ocúpense de servirme, yo los protegeré en el exterior, estarán a salvo en sus casas y dormirán en sus camas. Vengan y vean. Cuando estos espíritus del mal se acercan a la puerta de un hombre, levantan sus cabezas y miran el nombre santo que puede verse desde afuera, que es *Shadai*, coronado con sus coronas. Este nombre reina sobre todos ellos; ellos le temen, vuelan y no se acercan a la puerta del hombre.

Rabí Isaac dijo a rabí Aba: Si es así, deja que el hombre escriba Su nombre en la puerta de su casa. ¿Qué necesidad hay de todo el parágrafo?[22]

Él le dijo: Es necesario, ya que este nombre no puede ser coronado excepto por esas letras que están inscritas con la escritura del Rey. Cuando se escribe todo el parágrafo, el nombre queda coronado inmediatamente por sus coronas y el Rey sale con todas sus fuerzas. De esta manera, los demonios le temen y se dan a la fuga volando. [*Zohar* III, 266a.]

El espíritu de impureza

Rabí Hiyah empezó citando: "No ha de alcanzarte el mal, ni la plaga se acercará a tu tienda" (*Salmos* 91:10). Vengan y vean. Cuando el Santo, bendito sea, creó el mundo, llevó a cabo su trabajo en cada uno de los días en que fue más apropiado, ya hemos explicado esto y resulta claro. En el cuarto día creó los luceros y en ese momento la luna fue creada con un defecto, una luz más pequeña. Y ya que está escrito *me'orot* (luceros) sin la *Vav*, los espíritus y los demonios tuvieron la oportunidad de reinar sobre ellos. Surgieron torbellinos, poderes hostiles, y todos los espíritus

---

[21] Lilit.
[22] La *mezuzah* contiene toda la sección del *Shemá Israel* (*Deuteronomio* 6:4 y ss.).

de la impureza atravesaron el mundo para acabar con el género humano. Les fue otorgada la autoridad sobre los lugares en ruinas, las tierras baldías y los desolados desiertos. Todos forman parte del espíritu de impureza y ya ha sido explicado que este espíritu, que viene de la serpiente insidiosa,[23] es el verdadero espíritu de impureza, y se le ha dado la autoridad para destruir al género humano en el mundo. Por lo tanto, la inclinación al mal reina sobre el mundo; se ha encargado de los hombres y está siempre con ellos: se les acerca con engaños y con perfidia para alejarlos de los caminos del Santo, bendito sea. Así como sedujo a Adán e introdujo la muerte en todo el mundo, así seduce al hombre y lo corrompe. Quien es corrompido atrae al espíritu de la impureza y se adhiere a ella. Hay muchos que están dispuestos y preparados para corromperlo y el hombre es corrompido por los espíritus impuros en éste y en el otro mundo. Esto ya ha sido explicado. Pero cuando un hombre trata de purificarse, el espíritu de la impureza se postra ante él y no puede dominarlo. Por lo tanto, está escrito: "No ha de alcanzarte el mal, ni la plaga se acercará a tu tienda."

Rabí José dijo: "No ha de alcanzarte el mal": esto es, Lilit. "Ni la plaga se acercará a tu tienda": estos son los otros demonios; esto ya se ha explicado y es claro.

Rabí Eleazar dijo: Hemos dicho que ninguna persona debe salir sola por la noche, especialmente en el momento en que la luna fue creada con un defecto ya que, como han explicado, el espíritu de la impureza reina sobre el mundo y éste es el espíritu del mal. ¿Qué es el mal? La serpiente. Y "plaga" es aquel (Samael) que monta sobre la serpiente. "El mal" y "la plaga" son uno solo. [*Zohar* I, 169a-169b.]

Naamah y Lilit

Se ha enseñado: Cuando Adán descendió en una imagen suprema, en una imagen santa, y los mundos superiores e inferiores lo vieron, todos se le acercaron y lo convirtieron en el rey de este mundo. Después de que la serpiente tuvo relaciones sexuales con Eva y la impregnó de suciedad, ella concibió a Caín. Aquí tuvieron su

[23] Es decir, de Lilit.

origen todas las generaciones, los malvados del mundo. A la generación de los demonios y a los espíritus deben sus características. Por lo tanto, los espíritus y los demonios son como seres humanos en el mundo inferior y mitad como los ángeles en el mundo superior. De manera similar, cuando Adán procreó los otros espíritus, también ellos tenían la misma naturaleza, la mitad proveniente del mundo inferior, la otra mitad, del mundo superior. Después de que Adán los procreó, dio origen, a partir de estos espíritus, a las hijas que asemejaban en belleza tanto a los mundos superiores como a los inferiores. Por lo tanto, está escrito: "Vieron los hijos de Dios que las hijas de los hombres les venían bien..." (*Génesis* 6:2) y todos se desviaron hacia ellas.

Existió un cierto hombre que vino al mundo del espíritu del lado de Caín, y ellos lo llamaron Tubal-Caín. Una cierta mujer surgió con él y los seres humanos se desvían hacia ella y su nombre es Naamah. De ella surgieron otros demonios y espíritus que se mantienen suspendidos en el aire, dando información a otros que están debajo de ellos. Este Tubal-Caín introdujo armas de guerra en el mundo; Naamah brama como un animal feroz, se adhiere a sus fuerzas y todavía sobrevive. Su morada se encuentra entre los embates de las olas del gran mar y sale sólo para mofarse del género humano, cobijándose en él al calor de los sueños, despertando el deseo humano y adhiriéndose a él. Ella recibe este deseo, pero nada más, se embaraza mediante este deseo y trae al mundo otro tipo de demonios. Los hijos que procrea con los seres mortales se presentan ante las mujeres del género humano y ellas se embarazan y procrean espíritus.

Todos van primero hacia Lilit y ella los cría. Sale al mundo en busca de bebés y cuando los encuentra se adhiere a ellos tratando de matarlos y de absorber sus espíritus. Sale con ellos, pero hay ahí reunidos tres espíritus santos que vuelan frente a ella y le arrebatan los espíritus para llevarlos ante la presencia del Santo, bendito sea, mostrarle a los bebés y entregárselos.

Por eso la *Torah* advierte a la gente: "Santificaos y sed santos" (*Levítico* 20:7). Y es cierto que si un hombre es santo durante la relación sexual no debe temerle a ella, ya que el Santo, bendito sea, reunirá a los tres ángeles santos que hemos mencionado, ellos protegerán al niño y ella no podrá hacerle daño. Éste es el significado de: "No ha de alcanzarte el mal, ni la plaga se acercará a tu tienda" (*Salmos* 91:10) ¿Por qué? Porque "Él dará orden sobre ti a sus ángeles" (*ibid.* 11) Y está escrito: "Pues él se abraza a mí, yo he de librarle" (*ibid.* 14). Pero si un hombre no es santo y atrae un espíritu del lado de la impureza, ella vendrá y se burlará del niño. Si lo mata, absorberá su espíritu y nunca se separará de él.

Podrían objetar diciendo que los otros a quienes mata, pero cuyos espíritus están en manos de los tres ángeles santos que están reunidos ante ella, no pueden haberse formado del lado de la impureza. Si fuera así, ¿con qué derecho los mata? En estos casos, el hombre no se ha santificado ni tuvo la intención de corromperse o ser corrompido. Por lo tanto, ella tiene el poder de controlar el cuerpo, mas no el espíritu. [*Zohar* III, 76b-77a.]

El pecado de Eva

Después del pecado, Adán y Eva dieron al mundo su primer hijo, que estaba contaminado por la serpiente. Eva cohabitó con dos seres y engendró dos hijos; cada uno tomó una dirección diferente; uno de un lado, y el otro, del otro lado; y los descendientes de cada uno de ellos se parecen a sus respectivos padres. Caín tuvo por descendientes a todos los malos espíritus, todos los demonios, todos los diablos y todos los seres malignos. Abel tuvo por descendientes seres de bien y también seres malos porque, a pesar de ser superior a Caín, no logró nunca alcanzar la perfección. [*Zohar* I, 36b.]

La primera relación sexual

"Y como viese la mujer que el árbol era bueno para comer, apetecible a la vista y excelente para lograr sabiduría, tomó de su fruto y comió" (*Génesis* 3:6). Estas palabras designan la primera unión de Adán y Eva. Al principio Eva consintió en la unión únicamente después de considerar la utilidad de la relación sexual, así como la amistad y ternura puras que la unían a Adán. Pero desde que la serpiente intervino, la Escritura dice: "Conoció el hombre a Eva, su mujer" (*Génesis* 4:1), lo que quiere decir que sus relaciones sexuales no estaban ya inspiradas por una ternura pura, sino que

Eva misma se entregaba a su marido; en otras palabras, que ella le inspiraba deseos carnales. Desde ese momento el primer deseo viene de la mujer; es ella la que empieza por despertar deseos en el hombre y la que determina las relaciones sexuales. [*Zohar* I, 49b.]

La noche y el día

Está escrito: "Apartó Dios la luz de la oscuridad, y llamó Dios a la luz 'día', y a la oscuridad la llamó 'noche' ". La noche proviene del lado de las tinieblas y la mañana del lado de la luz, y mediante la asociación entre ambas se hizo el día. [*Zohar* I, 46b.]

La Escritura dice además: "Y él pasó la noche porque ya se había metido el sol." Estas palabras nos enseñan que las relaciones sexuales están prohibidas durante el día. [*Zohar* I, 49b.]

La mujer y la noche

Cuando llega la noche, comienza el dominio de la mujer, porque es a la mujer a quien han sido reservados los asuntos relacionados con la casa, ya que está escrito: "Ella se levanta durante la noche y comparte el botín con los miembros de su casa." La Escritura dice "ella" y no "él". Así, "la luz que preside el día" designa al ser masculino, y "la luz que preside la noche" designa al ser femenino. [*Zohar* I, 26b.]

La mujer y la impureza

Rabí José preguntó a rabí Isaac: ¿Por qué razón encontramos el poder mágico sólo entre las mujeres? Rabí Isaac le respondió: Esto es lo que yo he aprendido. Cuando la serpiente tuvo relaciones prohibidas con Eva, le inyectó un veneno, pero este veneno no tocó al esposo de Eva.

Rabí José, abrazando a rabí Isaac, le dijo: En verdad tus palabras son ciertas, pero la verdad es que el veneno de la mujer desaparece con mayor dificultad que el del hombre porque las mujeres emanan del lado izquierdo, de manera que el rigor y el espíritu impuro tienen más fuerza en ellas. Por eso la mujer es más apta para la magia que el hombre, y es ésta la razón por la que él debe mantenerse alejado de su mujer durante la menstruación, ya que durante esta época el espíritu impuro se adhiere a la mujer. Si ella es maga, todos los actos mágicos que realiza durante este periodo producen efectos certeros, cosa que no sucede siempre durante el resto del mes, ya que no es sino durante la menstruación cuando el espíritu impuro se vincula estrechamente con ella. Por esta razón la mujer mancha todo lo que toca durante esta época y más aún al hombre que se le acerca. [*Zohar* I, 126a-126b.]

El castigo de los malvados

Rabí Aba, rabí José y rabí Ezequías estaban sentados juntos estudiando la *Torah*.

Rabí Ezequías dijo a rabí Aba: Vemos que al Santo, bendito sea, le agrada el juicio en todas las cosas, ya que uno está mezclado con el otro y, sin embargo, pospone el juicio de los malvados en este mundo. Si a Él le agrada el juicio, ¿por qué no lo aplica sobre los malvados?

Él le dijo: Muchas montañas han sido desarraigadas por esta cuestión. Pero la Santa Luminaria[24] reveló algunas cosas sobre esto. Vengan y vean. El juicio que al Santo, bendito sea, le agrada es el juicio puro, aquel que produce amor y alegría. Pero en relación con los malvados de este mundo, su juicio está contaminado, es un juicio en el que el Santo, bendito sea, no encuentra ningún placer en absoluto. Por lo tanto, Él no desea mezclar el juicio sagrado con el juicio impuro de la contaminación, de manera que los malvados mueren por su cuenta y serán destruidos en el mundo venidero. El juicio de la contaminación que está dentro de ellos los lleva a su destrucción.

Él empezó citando: "Si brotan como hierba los impíos, si florecen todos los agentes del mal, es para ser destruidos por siempre" (*Salmos* 92:8). Ellos ya explicaron este versículo. Pero vengan y

[24] Se refiere aquí a rabí Simón ben Yohai.

vean. "Si brotan como hierba los impíos", ellos son como la hierba que está en tierra seca y que es, en sí misma, seca. Cuando se la riega con agua, florece, y lo seco revive. O son como el árbol que ha sido echado abajo. Florece, pero produce ramas sólo en los lados, ramas que apuntan hacia arriba. Pero el árbol nunca crece como el árbol que era en un principio. Todo esto es sólo "para ser destruidos por siempre", para arrancarlos completamente de sus raíces.

Encontramos otro misterio aquí donde el Santo, bendito sea, muestra indulgencia con los malvados de este mundo, ya que este mundo es la porción del "otro lado",[25] mientras que el mundo venidero es el lado de la santidad, la porción de los rectos; y los rectos resplandecerán donde la gloria de su Maestro reside. Estos dos lados existen uno contra el otro: el lado de la santidad y el otro, el lado de la impureza. Uno existe para los rectos, el otro para los malvados. Uno contrasta con el otro en todas las cosas. Felices son los rectos que comparten la santidad, no en este mundo, sino en el mundo venidero. [*Zohar* II, 223b-224a.]

Los ángeles

"La hierba haces brotar para el ganado" (*Salmos* 104:14). ¿Habló David con el espíritu santo sólo para felicitar a la bestia por tener pasto para comer? No. "La hierba haces brotar" se refiere a los seiscientos millones de mensajeros angelicales que fueron creados en el segundo día de la Creación.[26] Todos son fuego ardiente y son pasto. ¿Por qué pasto? Porque crece en el mundo. Son cortados todos los días y crecen de nuevo como en el principio. Por eso está escrito: "La hierba haces brotar para el ganado." Ésta es la razón de "El justo se cuida de su ganado" (*Proverbios* 12:10). Y lo hemos aprendido: Mil colinas producen para ella todos los días, cada una seiscientos mil, y ella come. [*Zohar* III, 217a.]

---

[25] El mundo material está dominado por la fuerza del mal. Por lo tanto, sus placeres pertenecen a los malvados.

[26] Son los ángeles del Juicio. Son consumidos diariamente en el fuego del Juicio de *Maljut*. Se les llama "pasto", y *Maljut* es la bestia que los devora.

La canción de sabiduría

Rabí Judah dijo: Vengan a ver. No pasa ni una sola noche sin que Metatron, el Príncipe de la Presencia, lleve las almas de los eruditos (que estudian la *Torah* por la *Torah* misma) y las despliegue ante el Santo, bendito sea. Los ángeles oficiantes esperan; suspenden su canto hasta que las almas de los virtuosos se unen a ellos y después le cantan juntos a Dios en lo alto, como está escrito "Aparecen las flores en la tierra" (*Cantar de los cantares* 2:12): éstas son los que estudian la *Torah* por la *Torah* misma. "El tiempo de las canciones es llegado": es el tiempo en que cantan al unísono para su creador. "Se oye el arrullo de la tórtola en nuestra tierra": es Metatron, que viene a reunir las almas de los virtuosos para que puedan cantarle a su Creador todas las noches, como está dicho "Exalten de gloria sus amigos, desde su lecho griten de alegría" (*Salmos* 149:5). ¿Qué significa "de gloria"? Rabí Judah dijo: Metatron. [*Zohar* I, 24a.]

Mensajeros angelicales

"Levantó los ojos y he aquí que había tres individuos" (*Génesis* 18:2). Éstos son tres mensajeros angelicales que se arropan en la atmósfera, descienden a este mundo y aparecen aquí con forma humana. Estos tres fueron diseñados según el modelo celestial, pues el arco iris aparece con sólo tres colores: blanco, rojo y verde; esto es así en verdad, y éstos eran los "tres hombres", los tres colores, el blanco, el rojo y el verde.[27] El color blanco es Miguel,[28] porque es el lado derecho. El rojo es Gabriel,[29] el lado izquierdo. El verde es Rafael.[30] Éstos son los tres colores sin los cuales el arco iris no puede aparecer. En consecuencia "Apareciósele Yahveh" (*ibid.* 1) es la aparición de la *Shejinah* en estos tres colores. Y todos eran necesarios: uno para sanar después de la circuncisión —éste fue Rafael, el maestro de la curación—; uno para avisarle a

---

[27] Los tres ángeles son los poderes de la *Shejinah: Jesed, Gevurah* y *Tiferet.* El arco iris es la *Shejinah.*

[28] El ángel del amor: *Jesed.*

[29] El ángel del Juicio: *Din.*

[30] El ángel de la Misericordia: *Rahamim* o *Tiferet:* belleza.

Sarah de su hijo —éste fue Miguel, porque está a cargo del lado derecho—, y todo el bien y las bendiciones están bajo su control en el lado derecho; y uno para destruir Sodoma —éste fue Gabriel, porque está a la izquierda, a cargo de todos los juicios del mundo en el lado izquierdo, a fin de que pueda actuar y emitir juicios a través del Ángel de la Muerte, que es el ejecutor en la corte real. Todos cumplen con su misión, haciendo cada uno lo que corresponde: el ángel Gabriel en lo relacionado con el alma santa, y el Ángel de la Muerte en lo relacionado con la inclinación al mal. [*Zohar* I, 98b-99a.]

Uzza y Azael

Rabí Simón empezó citando: "¿Qué es el hombre para que de él te acuerdes?" (*Salmos* 8:5). Ya han explicado que los príncipes del mundo dijeron este verso. Cuando el Santo, bendito sea, pensaba crear el mundo, convocó compañía tras compañía de ángeles celestiales y los sentó ante Él. Les dijo: Quiero crear al hombre. Ellos le dijeron: "Pero el hombre en la opulencia no comprende, a las bestias mudas se asemeja" (*Salmos* 49:13). El Santo, bendito sea, tendió su dedo y los quemó.

Trajo otras compañías ante Él; les dijo: Quiero crear al hombre. Ellos contestaron: ¿Qué es el hombre para que de él te acuerdes? ¿Cuál será la naturaleza de este hombre? Él les dijo: El hombre será a nuestra imagen, su sabiduría será superior a la de ustedes.

Cuando había creado al hombre y éste había pecado y luego ganado su libertad, vinieron Uzza y Azael. Le dijeron: Tenemos una acusación en tu contra, pues el hombre que creaste ha pecado. Él les dijo: Si ustedes hubieran estado con él, también habrían pecado. ¿Qué hizo el Santo, bendito sea? Los expulsó del cielo, del nivel de santidad que habían ocupado.

Rabí Simón dijo: Vamos ahora a volver a tu problema, el de la afirmación de Balaam:[31] "Oráculo del que oye los dichos de Dios, del que ve la visión de Shadai, del que obtiene respuesta y se le abren los ojos" (*Números* 24:4). Si decimos que no fue realmente

---

[31] El problema había sido planteado por rabí Isaac y rabí José.

así,[32] y que en realidad estaba alabándose a sí mismo, ¿cómo es posible que el Santo, bendito sea, escriba falsedades en la *Torah*? Y si en verdad fue así, ¿cómo pudo ese hombre malvado colocarse en una posición superior a la de los verdaderos profetas? Por lo demás, la excelsa santidad no reposa en un lugar impropio para ella.

Ahora volvamos a nuestro tema original. Después de que el Santo, bendito sea, los había expulsado de su santo lugar, anduvieron tras las mujeres en el mundo e hicieron errar a la humanidad. Aquí, sin embargo, debemos investigar, porque está escrito: "Tomas por mensajeros a los vientos, a las llamas del fuego por ministros" (*Salmos* 104:4). Ahora bien, si éstos eran ángeles, ¿cómo podían existir en la tierra? Pero vengan y vean. Ningún ángel de lo alto puede existir ni sobrevivir más que a través de la excelsa luz (*Shejinah*) que los ilumina y los preserva. Si esta luz excelsa los dejara no serían capaces de sobrevivir. Esto se aplicaría especialmente a aquellos que fueron expulsados por el Santo, bendito sea, y que fueron privados de la luz de lo alto; ya que su resplandor cambió, y cuando descendieron y se sometieron a la atmósfera del mundo asumieron un estado diferente. Vengan y vean. El maná que bajó para Israel en el monte venía del excelso rocío[33] que desciende del Anciano, el secreto más oculto. Mientras descendía, su luz iluminaba todos los mundos; el campo de manzanas[34] y los ángeles de arriba se nutrían de él. Pero cuando cayó aquí abajo y quedó sometido a la atmósfera del mundo, se congeló y su resplandor cambió, y fue simplemente como dice la Escritura: "El maná era como la semilla del cilantro" (*Números* 11:7), nada más que eso. Cuánto más cierto fue esto de los ángeles, pues cuando descendieron y se sometieron a la atmósfera del mundo, asumieron un estado diferente del que tenían.

¿Qué hizo el Santo, bendito sea? Cuando vio que estaban llevando al mundo por mal camino los sujetó con cadenas de hierro a las montañas de la oscuridad. ¿Dónde habitaron? Él forzó a Uzza a habitar en las profundidades de las montañas y arrojó la oscuri-

---

[32] Que Balaam no vio realmente a la *Shejinah* con los ojos abiertos.

[33] *Keter*, que es llamado *Atika* ("el Anciano").

[34] *Maljut* recibe influencia de *Jesed*, *Gevurah* y *Tiferet*, simbolizadas por los colores de la manzana.

108

dad ante él, pues mientras el Santo, bendito sea, estaba encadenándolo, protestó y rugió contra el cielo. Así pues el Santo, bendito sea, lo hundió en las profundidades hasta el cuello y desparramó oscuridad ante él. En cuanto a Azael, que no protestó, lo hizo vivir junto a aquél, pero le iluminó la oscuridad. Los habitantes del mundo que saben dónde se encuentran vienen a ellos, y ellos les enseñan magia, brujería y hechicería. Estas montañas de la oscuridad son llamadas "las montañas de Kedem". ¿Por qué? Porque la oscuridad precede a la luz, y por eso las montañas de la oscuridad se llaman "las montañas de Kedem".[35] Tanto Laban como Balaam aprendieron hechicería de ellos. Por eso es que Balaam dijo: "De Aram me hace venir Balaq, el rey de Moab desde los montes de Quédem" (*Números* 23:7).

Vengan y vean. En relación con esto, Balaam se alabó a sí mismo cuando dijo: "Oráculo del que oye los dichos de Dios", porque Uzza y Azael hablaban con los hombres sobre asuntos celestiales que previamente habían conocido en el mundo de arriba, y sobre el santo mundo en el que solían vivir. Éste es el significado de "el que oye los dichos de Dios". No dice "la voz de Dios", sino "los dichos de Dios": las palabras que ellos dijeron de Él. Cuando alguien viene de una lectura en el salón de clases y le preguntan de dónde viene, responde: de escuchar las palabras del santo Rey. Así aquí: "Oráculo del que oye los dichos de Dios..." "Del que obtiene respuesta y se le abren los ojos", porque sabía el momento en que el juicio había de llegar al mundo, y podía determinar ese momento con exactitud gracias a su hechicería. "Que ve la visión de Shadai." ¿Quiénes constituyen la "visión de Shadai"? Son los caídos, y a quienes se les han abierto los ojos, a saber, Uzza y Azael. Caído es Uzza, a quien el Santo, bendito sea, arrojó en lo hondo de la oscuridad, y que habita allí hasta el cuello, como hemos dicho, y hay oscuridad esparcida ante él. Así pues se le llama "caído": cayó del cielo, y después cayó otra vez en lo hondo de la oscuridad. Azael es a quien "se le abren los ojos", porque la oscuridad no estaba esparcida ante él, ya que no protestó ni rugió contra el cielo como el de arriba. [*Zohar* III, 207b-208a.]

---

[35] *Kedem* significa "anterior", "primero", "primigenio"; y también "este".

El canto de los ángeles

"En el principio" (*Génesis* 1:1). Rabí Eleazar empezó citando: "Hacia Yahveh, cuando en angustias me encontraba, clamé, y él me respondió" (*Salmos* 120:1). Cuando creó el cielo y la tierra, el Santo, bendito sea, creó canciones de deseo, de manera que pudiera ser glorificado y alabado como el Creador de todo. Los cielos pronunciaron una canción en su presencia, y está dicho: "Cantad a Yahveh toda la tierra" (*Salmos* 96:21). Más aún, todo el mundo desea y se alegra al glorificar a su Creador cuando ven sus maravillas en el cielo y en la tierra. Éste es el significado de "En el principio" (*Bereshit*). Vean sus letras y verán "Una canción de deseo" (*shir ta'ev*).[36] Es decir, una canción acerca de sus maravillas en el cielo y en la tierra. ¿Cuál es esta canción? Las Canciones de los Grados pronunciadas por el rey David, la paz sea con él. Éstas son las canciones que constituyen los cielos, como está escrito: "El que edifica en los cielos sus altas moradas" (*Amós* 9:6). David las deseaba y las pronunciaba, y éste es el significado de "Una canción de deseo".

Rabí Eleazar también dijo: Está escrito: "Entre el clamor a coro de las estrellas del alba y las aclamaciones de todos los hijos de Dios" (*Job* 38:7). Éstos son los ángeles que pronunciaron una canción en presencia del Creador todas las noches durante los tres estadios de la noche. Cada compañía canta una canción en cada estadio. Durante el último, cuando la noche se acerca a su fin y el día está por aparecer, todas las estrellas, los planetas y los ángeles, que son llamados "los hijos de Dios", cantan una canción, así como está escrito: "Cuando las estrellas de la mañana cantan juntas..." Cada una hace una declaración de acuerdo con su propio nivel, "no lo difieras de un día para otro" (*Eclesiástico* 5:7), ya que cada uno de ellos tiene su propio grado o nivel, uno por encima del otro. Consecuentemente, está escrito: "Una canción de niveles" que se refiere a los niveles de los ángeles que cantan la canción. Éste es el significado de *Bereshit*. "Una canción de deseo" y, por lo tanto, "Dios creó el cielo y la tierra". [*Zohar Hadash*, *Bereshit*, 5d.]

---

[36] La palabra hebrea *bereshit* es un anagrama de la palabra *shir ta'ev*.

La canción de sabiduría

Rabí Eleazar empezó citando: "El *Cantar de los cantares*, de Salomón" (*Cantar de los cantares* 1:1). Se ha enseñado que cuando el Santo, bendito sea, creó Su mundo, fue Su deseo crear los cielos con la mano derecha y la tierra con la izquierda. Y fue Su deseo que el día y la noche gobernaran. Entonces creó ángeles para que desempeñaran su papel, a través de su amor, durante el día; y ángeles que llevaran a cabo el papel de pronunciar canciones durante la noche. Éste es el significado de "De día mandará Yahveh su gracia, y el canto que me inspire por la noche será una oración al dios de mi vida" (*Salmos* 42:9). Algunos estaban a la derecha y otros a la izquierda; algunos escucharon la canción del día y otros la de la noche, la canción de Israel.

Rabí Isaac dijo: Los que pronuncian una canción en la noche escuchan los cantos de Israel durante el día. Éste es el significado de "mis compañeros prestan oído a tu voz" (*Cantar de los cantares* 8:13).

Rabí Simón dijo: Hay una compañía, compuesta de tres, que pronuncia una canción por la noche, como está escrito: "Se levanta cuando aún es de noche, da de comer (*teref*) a sus domésticos" (*Proverbios* 31:15).

Rabí Eleazar dijo: Diez cosas fueron creadas en el primer día, incluyendo las características de la noche y las del día; de las de la noche está escrito: "Se levanta cuando aún es de noche, da de comer (*teref*) a sus domésticos", igual que está escrito "Su furia me desgarra (*taraf*)" (*Job* 16:9) y "que si pasa, pisotea, y si desgarra, no hay quien libre" (*Miqueas* 5:7). "Y órdenes (*hok*) a su servidumbre" (*Proverbios* 31:15), así como está escrito: "Allí dio a Israel decretos (*hok*) y normas, y allí le puso a prueba" (*Éxodo* 15:25). "Sus preceptos (*hukav*) y sus juicios" (*Salmos* 147:19). "Al punto yo abatiría a sus enemigos, contra sus adversarios mi mano volvería" (*Salmos* 81:15).[37] Por lo tanto, sabemos que el atributo del Juicio gobierna por la noche.

Se ha enseñado: Aquellos que pronuncian una canción por la

---

[37] *Hok* y *mishpat* ("estatuto", "ley" y "ordenanza") son símbolos de *Maljut* y *Tiferet*. El texto da una versión totalmente distinta de *Salmos* (81:15): "Pues hay un estatuto (*hok*) para Israel, una ordenanza", tal vez se trata de un error en la referencia.

noche son príncipes de todos aquellos que hacen música. Y cuando los seres vivos empiezan a cantar, los seres de arriba les dan fuerza, a fin de que conozcan, entiendan y aprehendan lo que no habían comprendido antes, y el cielo y la tierra dan fuerza a su canto.

Rabí Nehemías dijo: Dichoso aquel que tiene el privilegio de conocer su canción, pues se ha enseñado: Aquel que sabe su canción conoce cosas de la *Torah* y la sabiduría, y puede investigar, proclamar y contribuir poder y fuerza tanto respecto a lo que ha sido como a lo que será. Esto es lo que Salomón tenía el privilegio de saber, pues rabí Simón enseñó: David, la paz sea con él, sabía esto y preparó muchos cantos y poemas de alabanza en los que aludía a acontecimientos futuros, y contribuyó con fuerza y poder. Por medio del espíritu santo conocía cosas de la *Torah* y la sabiduría, investigó, proclamó y contribuyó con fuerza y poder en la santa lengua. Salomón sabía esta canción, conocía la sabiduría; investigó, proclamó y preparó muchas parábolas e hizo un libro entero con esta canción. Éste es el significado de "Me procuré cantores y cantoras, toda clase de lujos humanos, coperos y reposteros" (*Eclesiastés* 2:8), que quiere decir: aprendí sobre la canción de aquellos cantantes celestiales y de aquellas que están bajo ellos. Ésta es la explicación del *Cantar de los cantares*: la canción de los cantantes de los reinos superiores, la canción que contiene todos los asuntos de la *Torah* y la sabiduría; el poder y la fuerza respecto a lo que ha sido y a lo que será, la canción que los cantantes de arriba cantan. [*Zohar* II, 18b.]

Metatron

"Miré entonces a los seres y vi que había una rueda en el suelo" (*Ezequiel* 1:15). Éste es Metatron, más grande que las criaturas por una distancia de quinientos años. Metatron, Mitatron, Zevul, Eved, Zevoel: he aquí cinco nombres, y sus nombres se multiplican en cuatro direcciones hacia las cuatro esquinas del mundo de acuerdo con las misiones de su Maestro. Hace nudos para su Creador y tiene el dominio de los misterios de los cuatro mil quinientos ríos del bálsamo, que se extienden a partir de los otros trece ríos ocultos. Frente a él están colocadas las cuatro mil quinientas miríadas de pasillos que se encuentran ocultos dentro de estos ríos, y a él se le ha otorgado la autoridad sobre ellos. Siempre que pasa hacia adentro o hacia afuera, mil quinientos firmamentos tiemblan ante él. Hay doce mil miríadas a su izquierda, doce mil miríadas frente a él y doce mil miríadas detrás de él. Todos estos campos surgen de una única flama brillante que emerge de él, y en esta flama están grabadas las letras del nombre inefable. Brotan chispas de esta flama. Y cuando los campos ven la luz de las letras grabadas todos tiemblan y se sacuden y se dirigen hacia ese destello. De esta flama surgen otras ruedas, que se mueven en otros carros debajo de estos pasillos, y están entrelazadas, como está escrito: "parecían dispuestas como si una rueda estuviese dentro de la otra" (*ibid*. 16), una contenida en la otra, interpenetradas, cabeza con cabeza; pero las caras están separadas de los lados, y todas ellas viajan en dirección de los rostros dentro de la luz hacia la que miran. Cuando tratan de moverse, ven cerca de sus rostros la luz que brilla. Todas se mueven y se dirigen hacia el lugar que brilla, las palabras grabadas del nombre sagrado iluminan todo y ayudan a todos a través del espíritu supremo que brinda ayuda a los campos. Metatron, la cabeza suprema, existe por éste su nombre sagrado,[38] y por sus misterios ayuda a todos los campos con sus cuatro rostros, con las dos imágenes que ven hacia las cuatro esquinas del mundo. Él contiene el nombre *Shadai*[39] y todos proclaman este nombre así como el supremo nombre sagrado.

A Metatron se le confían doce llaves celestiales[40] a través del misterio del nombre sagrado, cuatro de las cuales son los cuatro secretos separados de las luces. Una llave se llama "luz centelleante", escondida, oculta, y un color la ilumina. Pero este centelleo no puede ser contemplado y ningún color puede ser visto fuera del vislumbre del centelleo que aparece ante los ojos, para luego ocultarse y no poder ser conocido. La segunda llave, "la luz de la iluminación", es deleitosa de ver. Algunas veces es blanca, otras verde, y otras ni lo uno ni lo otro. La tercera luz es llamada "la luz del esplendor", que irradia y brilla. Es su radiación la que

---

[38] Es decir, a través del poder de su nombre.

[39] Metatron tiene el mismo valor numérico que *Shadai*, que es uno de los nombres de Dios.

[40] Doce combinaciones del nombre impronunciable de Dios: *YHVH*

ilumina a todas las otras luces. Todos los colores la refuerzan. Viene del resplandor del firmamento sobre todas las criaturas, como está escrito: "...como el resplandor del firmamento" (*Daniel* 12:3); contiene los tres pasajes (*sefirot*) que surgen de los treinta y dos pasajes.[41] La cuarta llave se llama "la luz del discernimiento", da discernimiento al corazón de manera que pueda saber, examinar con madurez y captar incluso los misterios supremos. Esta luz, que alegra el corazón, provee la iluminación de la sabiduría y del discernimiento de manera que uno pueda conocer y examinar las cosas con madurez. Éstas son las cuatro llaves celestiales en las que están contenidas todas las otras y todas han sido confiadas a la cabeza suprema, Metatron, el gran príncipe; todas se encuentran dentro de los secretos del Maestro y en los grabados de los misterios del santo e inefable nombre. [*Zohar Hadash, Yitro*, 39d-40a.]

La serpiente

Hemos enseñado que este mundo es como un modelo del mundo de arriba; todo lo que sucede aquí sucede igual allí. Si la serpiente trajera la muerte al hombre en el mundo de abajo, ¿cómo sería esto posible en el mundo de arriba? Podrías decir que trajo la muerte a la mujer, porque fue por medio de la serpiente como la luz disminuyó, ya que la luz de la luna sí disminuye de tiempo en tiempo, y en ese momento ella murió. Pero, ¿qué sucedió con el hombre? Podríamos decir que la luna muere cuando su luz disminuye debido a la serpiente. Pero hemos enseñado que no fue debido a la serpiente, sino que "la luna le dijo al Santo, bendito sea: '¿Pueden dos reyes usar la misma corona?' Él le dijo: 'Ve y hazte más pequeña' ". Así pues, no fue por la serpiente. Y si dices que es su esposo quien sufre ese daño ¡Dios te guarde! Eso sería una falta de respeto al mundo de arriba. Pero todos éstos son secretos de la *Torah*, y la serpiente sí hace daño a todos.

Vengan y vean, pues así lo hemos aprendido: todo lo que el Santo, bendito sea, ha hecho tanto arriba como abajo está comprendido en el misterio de lo masculino y lo femenino. Hay varios niveles arriba, diferentes entre sí, y de nivel a nivel se forma el

---

[41] Aquí se refiere a las diez *sefirot* y a las veintidós letras del alfabeto hebreo.

símbolo místico del hombre. El Santo, bendito sea, ha conformado los niveles de un mismo tipo en la imagen de un cuerpo, de manera que constituyan el símbolo místico del hombre. Y hemos aprendido que en el segundo día de la Creación, cuando fue creado *Gehinom*,[42] se formó un cuerpo como símbolo místico del hombre,[43] y los miembros eran los oficiales, que se acercaron al fuego, murieron y regresaron como en el principio; esto es debido a que se acercaron a la serpiente. Y fue Adán el seducido en la morada de la serpiente, por lo cual murió; la serpiente trajo la muerte sobre él, que se había acercado a ella. En todo lugar el hombre es macho y hembra, pero el hombre, que es el supremo y sagrado ser, gobierna sobre todos, les da a todos alimento y vida. Sin embargo, esta poderosa serpiente les rehúsa la luz a todos. Cuando profana el tabernáculo,[44] la hembra de este hombre muere, como hemos dicho, y el macho muere; acto seguido, ascienden como en el principio. Así pues, todo es como un modelo del mundo de arriba. [*Zohar* II, 144a-144b.]

La noche

Rabí Simón dijo: Cuando la noche viene y extiende sus alas sobre el mundo, hay muchos oficiales del atardecer, listos para salir y gobernar en el mundo, y hay muchos acusadores que se levantan en diversos lados, según sus diversos tipos, y gobiernan en el mundo. Cuando llega la mañana y hay luz, todos parten y no gobiernan más; cada uno va y regresa a su propio lugar. Está dicho: "Alumbró el día" (*Génesis* 44:3) —ésta es la mañana de Abraham—; "y se les despachó" —éstos son los acusadores que gobiernan durante la noche—; "a ellos con sus asnos" —éstos son los oficiales de la ley que vienen del lado de la impureza, no son santos y ni gobiernan ni pueden ser vistos una vez que ha amanecido. Estos asnos, estos oficiales de la ley que hemos mencionado, vienen del lado de la impureza.

Cada nivel en lo alto tiene tanto derecha como izquierda, mise-

---

[42] El "otro lado".
[43] Los ángeles del Juicio.
[44] La *Shejinah*.

ricordia como juicio. Nivel sobre nivel, los santos del lado de lo sagrado y los impuros del lado de la impureza; todo son niveles sobre niveles, uno sobre el otro. En dondequiera que se alce en el mundo la mañana de Abraham todos son eliminados y no gobiernan más, pues su existencia no depende del lado derecho, sino del izquierdo. Y el Santo, bendito sea, ha hecho el día y la noche de manera que cada uno guíe al mundo como corresponde, en su lado. ¡Bendita sea la parcela de Israel, tanto en este mundo como en el que viene! [*Zohar* I, 203b.]

La luz y la oscuridad

Rabí Isaac empezó citando: "¡Ay, tierra de susurro de alas!" (*Isaías* 18:1). ¿Hay alguna razón para lamentarse porque ésta sea una "tierra de susurro de alas"? ¿Por qué decir "Ay, tierra"?[45]

Pero rabí Isaac dijo: Cuando el Santo, bendito sea, creó el mundo y se propuso revelar la profundidad de lo oculto y la luz de la oscuridad, lo uno estaba contenido en lo otro. Así, de la luz surgió la oscuridad y de lo oculto surgió la profundidad y fue revelada. Una cosa salió de la otra, pues del bien surgió el mal y de la misericordia surgió el juicio, y lo uno estaba totalmente comprendido en lo otro. La inclinación al bien y la inclinación al mal, la derecha y la izquierda, Israel y las otras naciones, el blanco y el negro: todas las cosas dependían unas de otras. [*Zohar* III, 80b.]

La fuerza del fuego

Rabí Aba empezó citando: "Arderá el fuego sobre el altar, sin apagarse" (*Levítico* 6:5). ¿Por qué dice "arderá el fuego sobre el altar..."? Y, ¿por qué dice "y el sacerdote lo alimentará con leña todas las mañanas"? (*idem.*) Y, ¿por qué "el sacerdote"? Porque nos ha sido siempre enseñado que el fuego representa el juicio, mientras que el sacerdote viene de la mano derecha, lejos del juicio y nunca se conecta con él. Y, sin embargo, aquí él tiene que

---

[45] Las fuerzas del mal son concebidas como alas.

encender el fuego del juicio en el mundo, como está escrito: "Y el sacerdote lo alimentará con leña todas las mañanas."

Hemos aprendido que cuando un hombre ha pecado en contra de su Hacedor se quema con la flama de la inclinación al mal. Ésta viene del lado del espíritu de corrupción que está presente en él. Existen ciertas ofrendas sacrificiales que vienen de este lado y que se deben ofrecer al altar que se les asemeje. El espíritu de corrupción no puede destruirse ni hacerse inocuo, ya sea entre los hombres o en el área de donde provenga, excepto por el fuego del altar, porque el fuego destruye el espíritu de corrupción y pone fin a las especies del mal que habitan en el mundo. El sacerdote prepara el fuego para que esto suceda; por lo tanto, no debe extinguirse nunca ni deben debilitarse su fuerza y energía. De esa manera puede acabar con la fuerza de lo discorde, la fuerza del mal en el mundo. Así pues, "no se apagará". El sacerdote preparará el fuego en el altar todas las mañanas, cuando su propio lado domine y despierte al mundo, de manera que éste pueda ser perfumado, los juicios puedan someterse y se evite que surjan en el mundo. Por lo tanto, hemos aprendido que existe un fuego que consume al fuego: el fuego celestial consume al fuego discorde; el fuego del altar consume al fuego discorde. Así, el fuego del altar nunca podrá ser extinguido, y el sacerdote lo preparará día con día.

PRESCRIPCIONES MORALES

La alianza de la circuncisión

Rabí Aba empezó citando: "Todos los de tu pueblo serán justos, para siempre heredarán la tierra; retoño de mis plantaciones" (*Isaías* 60:21). Este asunto ha sido ya explicado por mis compañeros. ¿Cuál es el significado de "Todos los de tu pueblo serán justos"? ¿Son entonces todos los judíos justos? ¿No existen muchos culpables entre el pueblo de Israel, muchos pecadores, mucha gente maligna que transgrede los mandamientos de la *Torah*? Pero ésta es la enseñanza mística que nos ha sido transmitida: Feliz es el pueblo de Israel que hace voluntariamente una ofrenda al Santo, bendito sea, porque ellos traen a sus hijos al octavo día como una ofrenda. Y cuando son circuncidados entran en una buena parte del Santo, bendito sea, como está escrito: "...el justo es construcción eterna" (*Proverbios* 10:25).[1] Apenas han entrado en esa porción del Justo, se les llama "justos" para estar seguros: todos deberán ser "justos". Por lo tanto, "heredarán la tierra para siempre", como está escrito: "Abridme las puertas de la Justicia, entraré por ellas", y también está escrito: "Aquí está la puerta de Yahveh, por ella entran los justos" (*Salmos* 118:19-20), esto es, todos aquellos que están circuncidados y son llamados "justos". "Retoño de mis plantaciones", retoño de esas plantas que el Santo, bendito sea, sembró en el Jardín del Edén. Esta tierra (*eretz*) es una de ellas. Por lo tanto, Israel obtendrá una buena porción en el mundo venidero, y está escrito: "Los justos poseerán la tierra" (*Salmos* 37:29). "Heredarán la tierra para siempre (*le-olam*)." ¿Qué significa *le-olam*? Lo hemos interpretado en nuestra enseñanza, y este asunto ha sido ya explicado por los compañeros.

Vengan y vean. El Santo, bendito sea, no llamó a Abram "Abraham" hasta este momento. ¿Por qué? Lo hemos explicado

---

[1] En el texto aparece: "El justo es la base del mundo".

119

de esta manera: antes de este momento, él no estaba circuncidado. Pero una vez que lo estuvo, la letra *Hei* (*H*) se unió y se quedó con él, y entonces fue llamado "Abraham". Éste es el significado de "Ésos fueron los orígenes de los cielos y la tierra cuando fueron creados" (*be-hi ba'am*) (*Génesis* 2:4). Se ha enseñado que esto significa: con la *H* Él los creó. Y también se enseña que con Abraham. ¿Qué quiere decir esto? Una es la *Shejinah* y el otro es *Jesed*. Todo descendió junto, y no hay contradicción. Ambos estaban involucrados.

Rabí Akiba dijo a rabí Aba: La *H* de *hiba'ram* es pequeña, mientras que la *H* de *Ha-Adonai* es grande. ¿Por qué la diferencia?

Él le dijo: Uno es el séptimo año (*shemitah*) y el otro es el Jubileo. Algunos enseñan que todo es uno. Cuando ella es iluminada por el Justo, existe en su estado perfecto, y entonces es la *H* grande, ya que está iluminada como debería estarlo. Pero en momentos en que no se encuentra en su estado perfecto y extrae su sustento del *sitra ajra*, ella se convierte en la pequeña *H*. Consecuentemente, la luna se encuentra a veces en su estado perfecto y otras en su estado imperfecto. Uno puede verlo claramente. Todo está en orden y claramente explicado.

Rabí Aba dijo: Feliz es el pueblo de Israel en quien el Santo, bendito sea, se deleita mayormente que en otros pueblos, y les ha dado esta señal de la alianza. Ya que quienquiera que lleve este signo no descenderá al *Gehinom*, siempre y cuando salvaguarde este signo como debe sin introducirlo en un terreno ajeno,[2] y sin hacer uso falsamente del nombre del Rey; ya que quien utilice su nombre en falso con éste (el miembro masculino), es como si utilizara en falso el nombre del Santo, bendito sea, como está escrito: "Han sido infieles a Yahveh, han engendrado hijos bastardos" (*Oseas* 5:7).

Más aún, rabí Aba dijo: Cuando un hombre lleva a su hijo a la alianza de la circuncisión, el Santo, bendito sea, llama a su comitiva y dice: Ve lo que Mi hijo está haciendo en el mundo. En ese preciso momento Elías es llamado, vuela cuatro veces alrededor del mundo y se presenta ahí. Por esta razón hemos aprendido que debe prepararse otra silla para él y decirse: Ésta es la silla de Elías. Si no, no estará presente. Él, entonces, asciende y testimonia ante

[2] Es decir, sin tener relaciones sexuales con una mujer gentil.

el Santo, bendito sea. Vengan y vean. Al principio está escrito "¿Qué haces aquí Elías?" (I *Reyes* 19:9), y está escrito "Ardo en celo por Yahveh, Dios *Sebaot*, porque los israelitas han abandonado Tu alianza..." (*ibid*.10) Él le dijo: Durante tu vida, siempre que mis hijos lleven esta marca sagrada en su carne, tú estarás presente ahí; y la boca que fue testimonio de que los israelitas habían abandonado esta alianza, testimoniará en el futuro que el pueblo de Israel la ha llevado a cabo. Ya lo hemos averiguado: ¿Por qué el Santo, bendito sea, castigó a Elías? Porque hizo acusaciones en contra de Sus hijos. [*Zohar* I, 93a.]

El mandamiento de la procreación

El sexto mandamiento es el de procrearás, ya que quien procrea hace que el río fluya continuamente, de manera que sus aguas nunca se detengan, el mar está lleno por todas partes, nuevas almas nacen y emergen del árbol y muchas fuerzas crecen en el mundo superior con estas almas. Éste es el significado de "Bullan las aguas de animales vivientes, y aves revoloteen sobre la tierra..." (*Génesis* 1:20). Éste es el signo de la alianza sagrada de la circuncisión, el río que fluye continuamente, cuyas aguas crecen y bullen de animales vivientes, y las aves revolotean sobre la tierra. Y con las almas que penetran a las criaturas vivientes, muchas aves inician su camino hacia el mundo. Y de la misma manera que el alma emerge en el mundo, el pájaro que vuela con el alma viene del mismo árbol.

¿Cuántos emergen con cada alma? Dos, uno del lado derecho y uno del izquierdo. Si es virtuoso, ellos lo protegen, como está escrito: "Él dará orden sobre ti a sus ángeles de guardarte en todos tus caminos" (*Salmos* 91:11). Si no lo es, levantan acusaciones en su contra.

Rabí Pinhas dijo: Existen tres que actúan como guardianes para el hombre que es virtuoso, como está escrito: "Si hay entonces junto a él un Ángel, un Mediador escogido entre mil, que declare al hombre su deber" (*Job* 33:23). "Un Ángel", esto es, "un emisario", dos; "uno entre mil", tres.

Rabí Simón dijo: Existen cinco, ya que está escrito además "Que de él se apiade y diga: Líbrale de bajar a la fosa..." (*ibid*. 24).

"Él se apiade de él" —uno; "y diga" —otro más.

Él le dijo: No es así, pues "Él se apiade de él" se refiere al Santo, bendito sea, ya que nadie sino Él tiene el derecho de otorgar la gracia.

Él le dijo: Tienes razón.

Quienquiera que se niegue a procrear disminuye, como si dijéramos, la imagen que comprende todas las imágenes, detiene las aguas del río y perjudica la alianza sagrada en todas sus partes. Acerca de él está escrito: "Y en saliendo, verán los cadáveres de aquellos que se rebelaron contra mí" (*Isaías* 66:24). "Contra Mí", específicamente. Esto se refiere al cuerpo. En lo que respecta al alma, ésta no penetra en absoluto la cortina real, sino que es arrojada fuera de ese mundo. [*Zohar* I, 12b-13a.]

Relaciones sexuales prohibidas

Rabí Eleazar dijo: Las relaciones prohibidas (*arayot*)[3] en toda su extensión, ¿aparecen en un lugar específico o no?

Él respondió: Hijo mío, es *YHVH*. *Yod* es el padre, *Hei* la madre, *Vav*, el hijo y *Hei* la hija. Las dos letras *Hei* son esposa e hija, cuñada y suegra. Se llaman de la misma manera que las ramas de un árbol, como han explicado: "Sus caras y sus alas estaban separadas en lo alto" (*Ezequiel* 1:2), y sobre ellos está escrito: "Nadie tomará a la mujer de su padre, no retirará el borde del manto de su padre" (*Deuteronomio* 23:1), pero ellos están unidos en el mundo de abajo. Es como el *lulav*[4] que está unido abajo con otras especies, el mirto y el sauce, esto es, tres ramas de mirto y dos de sauce, pero está separado arriba y sus hojas se dividen a derecha e izquierda. Por ello se dice: "Si sus hojas están separadas, no es válido." Si están separadas, "es válido". Esta "separación" es la licencia sexual entre hoja y hoja. Por eso está escrito: "Ninguno de vosotros se acerque a una consanguínea suya para descubrir su desnudez (*ervah*)" (*Levítico* 18:6). No debes colocar juntas las letras *YHVH* en un lugar de desnudez (*ervah*). El misterio de *ervah* se encuentra en dos grupos de letras, *Er* y *Vav*. "Er fue malo (*ra*) a

---

[3] Plural de desnudez.
[4] La rama de la palma que se utiliza en la fiesta de *Sukot* o de los Tabernáculos.

los ojos de Yahveh" (*Génesis* 38:7). Estas hojas están separadas y tienen a *ervah* entre ellas, sólo más allá del reino del Santo, bendito sea, que es *Adonai*. Éste es el significado de "No es huésped tuyo el malo" (*Salmos* 5:5), ya que entre las *sefirot* encontrarás al padre, la madre y al hijo juntos, en *Binah*, *Ben Yah*, ya que no existe el *ervah* ahí. Los encontrarás abajo, hermano y hermana, ambos unidos. El hermano es el pilar central y la letra *Dalet* es su hermana, ambos son uno, a pesar de que es sólo el Virtuoso el que los une a todos.

Mientras tanto, Elías se presentó ante rabí Simón y le dijo: Rabí, rabí, la extensión de las *arayot* es exactamente como tú dices. No existe una unificación en la forma de macho y hembra entre las *sefirot*, excepto a través del Excelso, ya que la unión entre las dos no se da sino a través de la alianza de la circuncisión. A través de los otros miembros se encuentra la proximidad de la amistad, pero no de la unión. Y éste es el misterio del árbol cuyas ramas están separadas en lo alto de cada lado. Y el secreto está en el versículo "Pero es roto su arco violentamente y se aflojan los músculos de sus brazos" (*Génesis* 49:24). Pero en el mundo de abajo (*Yesod*), ellos forman un sólo lazo, una única unión. Por lo tanto, en el mundo de abajo y a través del Virtuoso, uno debe unir las letras *YHVH* con Su *Shejinah*, quien es Su hermana, como una ofrenda al Señor. De manera similar con la *Shejinah* suprema y *Jojmah*, uno debe atraerlas a través del Excelso. Todas las ramas están unidas, relacionadas e interconectadas y cada una recibe de la otra y todas a través del Excelso. Sin el Excelso no puede existir la cercanía de la unión, sino solamente la amistad.

Por lo tanto se le llama *Jesed*. *Vav* es el hermano, y la *Hei* la hermana del lado derecho, y se dice de este lugar que "Si alguien toma por esposa a su hermana, hija de su padre o hija de su madre, [...] es una ignominia (*Jesed*)" (*Levítico* 20:17). A pesar de ser *Jesed*, "serán exterminados en presencia de los hijos de su pueblo" (*idem.*), quienquiera que una las letras en una zona de separación actúa como si las hubiese separado. Por ello "serán exterminados": medida por medida. De manera similar, *Yod Hei* se encuentran unidas del lado derecho por la amistad, ya que no existe unión sino la que proviene del Excelso. Por eso está escrito: "Ninguno de vosotros se acerque a una consanguínea suya para descubrir su desnudez" (*Levítico* 18:6). De manera similar, en la zona de la izquierda y de las piernas del lado derecho (*Netzah* y *Jod*) existen otros dioses y uno no debe unir las letras en presencia de estos otros dioses, que vienen del lado de la idolatría. El secreto de la cuestión está en el versículo "Nadab y Abihu ofrecieron ante Yahveh un fuego profano" (*Levítico* 10:1).

Todas estas *arayot* son Samael y la serpiente[5] que tratan de distribuir el castigo y descubrir los pecados ante el Señor. Es por ello que se llaman *arayot* y aquí yace el secreto de "No descubras los secretos de otro" (*Proverbios* 25:9), ya que esto lleva al exilio[6] y será descubierto entre las naciones. El que descubra su desnudez será exiliado entre los *arayot* de los otros dioses. Y aquel que la cubra estará escondido entre ellas.[7] Por eso está escrito: "Nadie retirará el borde del manto de su padre" (*Deuteronomio* 23:1), esto es, la *Shejinah*, que está exiliada entre las naciones debido a este pecado, como está escrito "Y por vuestras rebeldías fue repudiada vuestra madre" (*Isaías* 50:1). Cuatro veces fue mandada al exilio la *Shejinah*[8] debido a que ellos introdujeron *ervah* entre las cuatro letras del *Tetragrammaton*.

A pesar de que ya ha sido explicado que todas estas *arayot* están entre las *sefirot* y en el nombre *YHVH*, éstas no están en su lugar en el mundo de arriba, ya que cuando la *Shejinah* fue lanzada al exilio,[9] todas las *sefirot* descendieron con ella. Y al descender se vistieron con los seis días seculares, seis ramas: *Jesed*, el primer día, *Gevurah* el segundo, el pilar central (*Tiferet*) en el tercero, y las tres *sefirot* secundarias (*Netzah*, *Jod* y *Yesod*), los otros tres días, específicamente, el cuarto, el quinto y el sexto. Los diez "dichos" son la letra *Yod*, padre. Las cinco "luces" son la letra *Hei*, madre. Los seis "bienes" son la letra *Vav*, los seis días seculares. La letra *Hei* de *ha'shishi* (el sexto) es la última letra *Hei* de *YHVH*. La *rosh* (cabeza) de *Bereshit* (en el principio) es *Keter*, la cabeza suprema de todas. Y, ¿por qué existen las separaciones? Porque el Excelso, el signo de la alianza, no está presente ahí. El

---

[5] Se refiere a Lilit, la mujer de Samael.

[6] Aquí hay un juego de palabras. "Exilio" (*galut*) y "desnudez" (*giluy*) vienen de la misma raíz verbal.

[7] Esto es, escapará al castigo.

[8] Es decir, de Egipto, de Babilonia y de Roma. La cuarta puede referirse a Persia, Grecia o al Islam.

[9] A través del pecado de Adán y de la destrucción del Templo.

misterio de esto se encuentra en el versículo "No existe un hombre virtuoso en la tierra" (*Eclesiástico* 7:20), es decir, no hay ninguna señal de la alianza ahí. Pero en el *Shabat*, el séptimo día, hay cercanía y unión del nombre *YHVH* y todas las *sefirot*. Por ello los estudiosos tienen relaciones sexuales con sus esposas la noche del *Shabat*.[10]

Estas *arayot* están, en efecto, en el mundo inferior, pero se dice del mundo de arriba que "No es huésped tuyo el malo" (*Salmos* 5:5). Si un hombre recto cohabita con su mujer durante los seis días seculares, el hijo que nace está descrito como "el hombre recto que sufre", ya que profanó el séptimo día que es sagrado. Este momento ilustra el misterio del "sufrimiento de los rectos y la prosperidad de los malvados". Pero en el mundo de arriba no existe ninguna *ervah*, división, separación o desunión. Por lo tanto, en el mundo superior existe la unión del hermano y la hermana, del hijo y la hija. Consecuentemente, no debemos imitar a nuestro Creador, ya que hemos destruido nuestra similitud con la imagen celestial, como está escrito: "Vuestras faltas os separaron a vosotros de vuestro Dios" (*Isaías* 59:2). Vengan y vean. Cuando el Santo, bendito sea, se decidió a crear al hombre, quiso hacerlo de la siguiente manera: con el modelo de su propia imagen, sin *ervah*, separación o desunión, como está escrito: "Hagamos al ser humano a nuestra imagen, como semejanza nuestra" (*Génesis* 1:26), de manera que todas las *sefirot* puedan estar comprendidas en él sin separación o división, y de manera tal que el hijo pueda estar unido a la hija, ya que son gemelos y están descritos como gemelos. Éste es el significado de "Estarán unidos desde abajo hasta arriba" (*Éxodo* 26:24). ¿Dónde? "Hasta la primera anilla." Éste es el anillo del signo de la alianza de la circuncisión, que es el medio para realizar todas las *arayot* en el mundo de abajo, pero también el medio para la unificación en el mundo de arriba. Se dice del mundo superior: "Y tome también del árbol de la vida y comiendo de él viva para siempre" (*Génesis* 3:22), mientras que se dice del mundo de abajo, "Mas del árbol de la ciencia del bien y del mal no comerás" (*Génesis* 2:17). No mezcles el bien y el mal, ya que "morirás sin remedio". Aquí se dice "morirás sin remedio" y tam-

[10] Lo hacen con la intención de promover la unión en el mundo superior.

bién del *Shabat* se dice: "El que lo profane morirá" (*Éxodo* 31:14). Adán fue creado, en efecto, sobre el modelo de la imagen celestial, pero él hizo una separación ahí y, por lo tanto, fue separado de ella. [*Tikkunei ha'Zohar, Tikkun,* 56, 89b-90a.]

Escucha, oh Israel

Cuando Israel se ocupa de la unificación mística a través del *Shemá* con una voluntad perfecta, una luz emerge desde el secreto del mundo supremo, y la luz atraviesa una chispa de oscuridad que viene desde dentro y se divide en setenta luces que brillan en las setenta ramas del Árbol de la Vida. Estos tres exhalan perfumes y especias y alaban a su Maestro, ya que entonces la consorte está adornada para entrar en el dosel con su esposo.

Todos los miembros supremos se unen en un único deseo y una única voluntad de ser uno, sin separación alguna. Entonces su esposo concibe la idea de atraerla a su dosel para convertirse en uno solo con ella y unirse con su consorte. Por lo tanto, nosotros la elevamos y decimos *Shemá Ysrael* (Escucha, Israel): Prepárate. Tu esposo viene hacia ti con todo su esplendor y está listo para encontrarse contigo.

"El Señor, nuestro Dios, el Señor es uno", en una única unidad y con una sola voluntad, sin ninguna separación, ya que todos los miembros se convierten en uno y penetran en un único deseo. Cuando Israel dice: "El Señor es uno" y eleva las seis extremidades, éstas se convierten en una y penetran en un único deseo. El símbolo místico de esto es la letra *Vav*, una simple y única extensión sin ninguna otra atadura, sino la propia.

Entonces, la consorte y su esposo se unen y un heraldo viene del sur: Levántense tropas y campos para revelar el amor a su Maestro. Un oficial celeste, llamado Boel, se levanta como señor de los campos y tiene en su mano cuatro llaves que ha tomado de las cuatro esquinas del mundo. Una llave lleva grabada la letra *Yod*; una está grabada con la letra *Hei*; una con la letra *Vav*; y la otra lleva grabada la letra *Hei*,[11] y coloca a esta última debajo del Árbol de la Vida. Las primeras tres llaves, grabadas con letras, se

---

[11] De nuevo se trata de la formación del tetragrama Yahveh: *YHVH.*

convierten en una. Cuando se han convertido en una, la otra llave asciende y se une con la otra, la totalidad de las tres. Todos los campos y las tropas conducen a estas dos llaves al Jardín y se ocupan de la unificación siguiendo el modelo de las de abajo.

YHVH: ésta es la marca de la letra *Yod*, el elemento más importante en el nombre sagrado. *Elohenu*: ésta es la marca mística de la letra suprema *Hei*, la segunda letra en el nombre sagrado. *YHVH*: ésta es la continuación que se extiende hacia abajo a través de la marca mística de la letra *Vav*, ya que las primeras dos letras se extienden hacia este lugar y se convierten en una sola. Todas estas tres son una. Cuando se ha llegado a una sola unificación y todo permanece completo a través del misterio de la sagrada letra *Vav*, desde la primera fuente, desde el pasillo más interior y cuando hereda de padre y madre, conducen a la consorte hasta su presencia, ya que entonces él está completo con toda virtud, es capaz de sostenerla y proveerla con alimento y apoyo como se requiere, sus miembros quedan unidos como si fueran uno. Entonces la conducen adentro, en un murmullo. ¿Por qué en un murmullo? De manera que nadie ajeno logre involucrarse en esa alegría, como está escrito: "Y con ningún extraño comparte su alegría" (*Proverbios* 14:10).

Cuando se ha unido en el mundo superior con las tres extremidades, ella se une de la misma manera en el mundo inferior con sus otras seis extremidades, de manera que hay una unidad en el mundo de arriba y en el mundo de abajo, como está escrito: "Será único Yahveh y único su nombre" (*Zacarías* 14:9). Uno en el mundo de arriba con sus seis extremidades, como está escrito *Shemá Israel Adonai Elohenu Adonai ejad*: seis palabras que corresponden a las seis extremidades. Una en el mundo de abajo con sus seis extremidades: *Baruj shem kevod maljuto le-olam va-ed* —otras seis extremidades en seis palabras. "Será único Yahveh" en el mundo de arriba; "y único su nombre" en el mundo de abajo.

Podrían argüir que la palabra "uno" (*ejad*) está escrita en el versículo que se refiere al mundo superior, pero no en el que se refiere al mundo inferior. Pero la palabra *ejad*, con el cambio de una letra, se convierte en *va-ed*. Las letras de la parte masculina permanecen sin cambio, pero las letras femeninas están cambiadas, y ésta es la ventaja que tiene el macho sobre la hembra. Pero para alejar el mal de ojo cambiamos las letras, ya que no decimos abiertamente *ejad*. Sin embargo, en el mundo venidero, cuando el mal de ojo no tenga fuerza y desaparezca del mundo, la palabra uno será pronunciada abiertamente. En nuestros días, cuando "el otro lado" tiene un poder sobre ella, aún no es una, pero podemos unificarla con un murmullo a través de diferentes letras diciendo *va-ed*. Pero en el tiempo venidero, cuando esa parte la abandone y desaparezca del mundo, la palabra "uno" será pronunciada verdaderamente, porque entonces no tendrá ningún lazo o contacto ajeno, como está escrito: "En ese día será único Yahveh y único su nombre, abiertamente, sonoramente, no en un murmullo y no en secreto." En consecuencia, nosotros la unificamos aparte del *sitra ajra*,[12] como un hombre que llama a otro para que atestigüe en su favor; ya que ella testifica en nuestro favor. Entonces se retira de ese lado.

Cuando llega, la conducen al dosel para que esté con su esposo, el rey supremo, con toda su voluntad y con todo su deseo. Ella es, por lo tanto, una. Cuando llega con sus doncellas y trata de separarse del *sitra ajra*, intenta solamente mirar la gloria de su rey, como está escrito "salid a contemplar, hijas de Sión, a Salomón el rey" (*Cantar de los cantares* 3:11). El *sitra ajra* no quiere ver y por eso la abandona.

Cuando llega, todos sus ministros la conducen al dosel para que pueda estar con su esposo, el rey supremo, con un murmullo y en secreto, ya que, si no fuera así, el *sitra ajra* no la abandonaría. "En ese día único será Yahveh y único su nombre."

Cuando llega al dosel y se encuentra con su esposo, el rey supremo, nosotros despertamos de manera inmediata la alegría de ambos lados, derecho e izquierdo, como está escrito: "Amarás a Yahveh tu Dios, con todo tu corazón..." (*Deuteronomio* 6:5). "Y si vosotros obedecéis puntualmente los mandamientos que yo os prescribo..." (*ibid.* 11:13), sin el menor temor ya que el *sitra ajra* no puede acercarse ahí y no tiene poder.

Todo intento por atraer a la novia hacia el lado del rey para la alegría de la relación sexual debe hacerse con un murmullo, en secreto, para evitar que cualquier huella del lado del mal siga sus pasos o se le acerque, y detener cualquier mancha que pueda afectar a sus descendientes. Jacobo preguntó a sus hijos, de manera

---

[12] El "otro lado", es decir, el lado oscuro o el lado del mal.

similar, si, Dios no lo quiera, alguna mancha había afectado su semilla y su cama. Y ellos replicaron inmediatamente: "Escucha, oh Israel", el Señor, nuestro Dios, es uno. Así como sólo existe uno en tu corazón, así también existe sólo uno en nuestros corazones. No tenemos ninguna relación con el *sitra ajra*. Nuestros pensamientos y nuestros deseos están completamente divorciados de *él*. Cuando Jacobo se dio cuenta de que el *sitra ajra* no estaba ahí presente en absoluto, condujo a la esposa inmediatamente hacia su esposo con un murmullo, a través del secreto de la unificación de las seis extremidades. Pronunció las palabras "Bendito sea el nombre de su glorioso reino para siempre y siempre". Ella se encontraba en el misterio del "uno" con sus doncellas, sin ningún contacto con el *sitra ajra*.

Vengan y vean. En ese momento, Jacobo y sus hijos estaban, en el modelo supremo, relacionados con la *Shejinah* de abajo. Jacobo representaba el misterio de las seis extremidades en el mundo superior y en el misterio de la unificación, y sus hijos eran la imagen de las seis extremidades en el mundo inferior. Deseaba revelarles el final (*kez*) y, como hemos explicado, existen dos tipos de *kez: kez-hayamin y kez-hayamim. Kez ha-yamin* es la sagrada *Maljut*, el misterio de la fe, el misterio del reinado del cielo. *Kez-hayamim* es el misterio del reino malvado, el misterio del *sitra ajra*, que es llamado "el final de la carne". Ya hemos explicado esto.

Cuando Jacobo vio que la *Shejinah* lo había abandonado, dijeron: "Así como hay uno solo en tu corazón, ya que tú representas el mundo supremo, que es uno, así es también para nosotros, ya que representamos el mundo inferior, que es uno." Por eso "corazón" se menciona dos veces: el misterio del mundo superior, que es el corazón de Jacobo, y el misterio del mundo inferior, que es el corazón de sus hijos. Él la introdujo con un murmullo.

Así como ellos se ocupan de la unificación, el misterio del mundo superior en uno y el misterio del mundo inferior en uno, así nosotros debemos unificar el mundo superior en uno y el mundo inferior en el misterio de uno: uno con seis extremidades y el otro con seis extremidades. Por eso existen seis palabras aquí para el misterio de las seis extremidades, y seis palabras allá para el misterio de las seis extremidades. "Yahveh será único y único será Su nombre."

Bendita es la herencia y la porción del hombre que pone su deseo en esto, tanto en este mundo como en el venidero. [*Zohar* II, 133b-134b.]

Los seiscientos trece mandamientos

La diez palabras de la *Torah* contienen los seiscientos trece mandamientos, incluyendo lo que se encuentra arriba y abajo, el principio de las diez palabras de la Creación. Estas diez palabras fueron grabadas sobre las tablas de piedra, y todo lo que se encontraba oculto en ellas fue visible a los ojos del pueblo de Israel, ya que todos conocieron y examinaron el secreto de los seiscientos trece mandamientos de la *Torah* ahí contenidos. Todo era visible para ellos, todo fue comprensible para las mentes de Israel y todo fue revelado a sus ojos. En ese tiempo los secretos de la *Torah*, superiores e inferiores, no les fueron arrancados porque ellos veían con los ojos el esplendor de la gloria de su Maestro. Desde el día en que Dios creó el mundo no hubo nada como la revelación de su gloria en el Sinaí. [*Zohar* II, 93b-94a.]

La santificación del *Shabat*

Rabí Judah se encontró una vez con rabí Simón en un viaje, y le dijo: Está escrito en relación con el *Shabat* que Isaías dijo: "Pues así dice Yahveh: Respecto a los eunucos que guardan mis sábados y eligen aquello que me agrada y se mantienen firmes en mi alianza, yo he de darles en mi casa y en mis muros monumento y nombre mejor que hijos e hijas; nombre eterno les daré que no será borrado" (*Isaías* 56:4-5). ¿Qué quiere decir esto?

Él respondió: Tú, capadociano, amarra a tu asno y desmonta porque las palabras de la *Torah* necesitan una mente clara. O vuelve sobre tus pasos, sígueme y concentra tu mente.

Él dijo: Me aventuré en este viaje específicamente para ver a mi maestro; si lo hago podré percibir a la *Shejinah*.

Él le contestó: Ven y mira. Este asunto ha sido ya discutido por los compañeros, pero no lo explicaron a fondo. "Así dice Yahveh respecto a los eunucos." ¿Quiénes son "los eunucos"? Los compañeros que estudian la *Torah*, y que se abstienen de tener relaciones sexuales durante los seis días de la semana en los que trabajan en la *Torah*, pero que en la víspera del sábado se preparan para tener relaciones: porque ellos conocen el elevado misterio relacionado con el momento cuando la consorte se une al Rey. Los compañeros que conocen este misterio dirigen la mente hacia la fe en su Creador, y esa noche son bendecidos por el fruto de su trabajo. Éste es el significado de la frase "que guarden el *Shabat* de la misma manera en que su padre lo hizo" (*Génesis* 37:11).[13] Se les llama "eunucos" porque esperan hasta el *Shabat*, que es el momento del deseo de su Creador, y está escrito: "Ellos escogieron las cosas que Me complacían." ¿Cuáles son las cosas que Lo complacen? Es la relación sexual con la consorte. "Y ellos se abstienen por Mi alianza." Todo es uno: "Mi alianza" sin condición. Bendita es la porción del hombre que se santifica con este acto sagrado y que conoce su misterio.

Vengan y vean. Está escrito: "Seis días trabajarás y harás todos tus trabajos, pero el día séptimo es día de descanso para Yahveh, tu Dios" (*Éxodo* 20:9-10). "Todos tus trabajos": estos seis días son los días de trabajo del hombre. Por eso los compañeros tienen relaciones sólo cuando el hombre deja su trabajo y el Santo, bendito sea, empieza el suyo. ¿Y cuál es su trabajo? La relación sexual con su consorte, a fin de crear almas sagradas para el mundo. Por lo tanto, en esta noche los compañeros se santifican con la santidad de su Creador, dirigen sus mentes y crean hijos buenos, hijos sagrados, que no se inclinan ni hacia la derecha ni hacia la izquierda, hijos del Rey y de la consorte. En relación con esto está escrito: "Hijos sois de Yahveh vuestro Dios" (*Deuteronomio* 14:1). "De Yahveh vuestro Dios" precisamente porque ellos son llamados "sus hijos", los hijos del Rey y la consorte. Esto es bien conocido por los compañeros. Ellos entienden este misterio y se adhieren a él y por ello son llamados hijos del Santo, bendito sea. A través de ellos el mundo se sostiene. Y cuando el mundo está a punto de ser castigado, el Santo, bendito sea, mira a éstos, sus hijos, y tiene misericordia del mundo. En relación con esto está

---

[13] He preferido en este caso mantener la cita del texto, en lugar de la que aparece en la *Biblia de Jerusalén*, ya que el contenido es completamente diferente; quizás pueda tratarse de un error en la referencia bíblica. Ésta dice: "Sus hermanos le tenían envidia, mientras que su padre reflexionaba."

escrito: "Toda entera de simiente legítima" (*Jeremías* 2:21). Precisamente "de simiente legítima". ¿Qué es "legítima"? El sello perfecto, sagrado, como está dicho: "Otorga fidelidad a Jacob" (*Miqueas* 7:20). Todo es uno. Por lo tanto es, en efecto, "una simiente legítima".

Rabí Judah dijo: Bendito sea el Misericordioso que me mandó aquí. Bendito sea el Misericordioso que me permite escuchar esto de tu boca.

Rabí Judah lloró.

Rabí Simón le dijo: ¿Por qué lloras?

Él dijo: Lloro porque me digo a mí mismo: Ay de aquellos hombres que se comportan como animales y que carecen de conocimiento y entendimiento. Hubiera sido mejor para ellos no haber sido creados. Ay del mundo cuando llegue el momento en que debas abandonarlo, porque, ¿quién será capaz de revelar misterios? ¿Quién los entenderá? Y, ¿quién comprenderá los caminos de la *Torah*?

Él le dijo: Es cierto que el mundo no consiste sino en los compañeros que estudian la *Torah* y comprenden sus misterios. Los compañeros emitieron con justicia decretos contra el ignorante, que corrompe sus caminos y que no es capaz de distinguir entre la derecha y la izquierda, ya que es como una bestia que merece ser castigada, incluso en el Día de la Expiación. En relación con sus hijos se dice: "Porque son hijos de prostitución" (*Oseas* 2:6), verdadera prostitución.

Él le dijo: Rabí, este versículo necesita ser interpretado consistentemente. Está escrito: "A ellos daré mi casa y dentro de mis murallas un monumento y un memorial mejor que hijos e hijas, le daré un nombre eterno." Debería decir: "Yo les daré a ellos." ¿Cuál es el significado de "Yo le daré a él"?

Él le dijo: Rabí, ven a ver. "A ellos les daré Mi casa." ¿Qué significa "Mi casa"? Es como en el versículo: "Él (Moisés) es de toda confianza en mi casa" (*Números* 12:7); "Y dentro de mis murallas" como en "Sobre los muros de Jerusalén he apostado guardianes" (*Isaías* 62:6), para trasladar a las almas sagradas de este mundo. Y éstos son una parte perfecta, una parte buena llena de hijos e hijas. "Les daré un nombre eterno", esto es, a esa parte perfecta "que no será cancelada" a lo largo de las generaciones. Existe otra interpretación. "Yo le daré a él", al hombre que conoce el misterio del asunto y dirige su mente hacia la dirección adecuada. [*Zohar* II, 89a-89b.]

Relaciones con la *Shejinah*

Rabí Simón viajaba a Tiberíades y con él estaban rabí José, rabí Judah y rabí Hiyah. Durante su viaje vieron a rabí Pinhas que se acercaba a ellos. Cuando se encontraron, desmontaron y se sentaron debajo de un árbol, en la colina.

Rabí Pinhas dijo: Ahora que nos hemos sentado estamos ansiosos de escuchar esas cosas sublimes acerca de las cuales hablas todos los días.

Rabí Simón empezó citando: "Caminando [Abram] de acampada en acampada se dirigió desde el Négueb hasta Betel, hasta el lugar donde estuvo su tienda entre Betel y Ay" (*Génesis* 13:3). "De acampada en acampada". La Escritura debería haber dicho "su viaje". Pero tenemos aquí dos viajes: uno se refiere a Abram y otro a la *Shejinah*. Ya que macho y hembra deben estar juntos, de manera que se fortalezca la fe. Y así la *Shejinah* nunca se separará de él.

Podrían objetar y decir que cuando un hombre está de viaje, y el hombre y la mujer no están juntos, la *Shejinah* se separa de él. Pero vengan y vean. Cuando un hombre está por partir hacia un viaje debe rezar al Santo, bendito sea, para que la *Shejinah* de su Maestro baje con él antes de que parta, mientras que el hombre y la mujer están juntos. Después de que ha dicho su plegaria y sus palabras de alabanza y la *Shejinah* ha descendido hasta él, debe partir, ya que entonces la *Shejinah* estará unida a él para que el hombre y la mujer estén juntos. Hombre y mujer en la ciudad; hombre y mujer en el campo. Éste es el significado de "La Justicia marchará delante de él y con sus pasos trazará un camino" (*Salmos* 85:14).

Vengan y vean. Cuando un hombre se encuentra de viaje debe tener cuidado de sus actos para evitar que la unión celestial lo abandone, ya que entonces quedaría deshonrado al no estar el hombre y la mujer juntos. Debe hacer esto en la ciudad, cuando su mujer lo acompaña; cuánto más importante es hacerlo en esta ocasión, cuando la unión celestial está ligada a él. Más aún, la unión celestial lo protege durante su viaje y no lo abandona hasta que regresa a su casa.

Cuando regresa a su casa debe dar placer a su mujer, ya que fue su mujer la que le permitió tener la unión celestial. Cuando está con ella debe darle placer por dos razones: primero, porque el placer de la relación sexual es el placer de cumplir con un mandamiento, y el placer del mandamiento es el placer de la *Shejinah*. Más aún, extiende la paz en el mundo de abajo, como está escrito: "Sabrás que tu tienda está a cubierto, nada echarás en falta cuando revises tu morada y no pecarás" (*Job* 5:24). ¿Es entonces un pecado el que no tenga relaciones con su mujer? Sí, así es, porque devalúa el honor de la unión celestial en la que tomó parte y por la cual está en deuda con su esposa. En segundo lugar, si su mujer, como consecuencia de la unión, se embaraza, la unión celestial le regalará a ella un alma sagrada, ya que este pacto es llamado el pacto del Santo, bendito sea. Por lo tanto, debe conducir su mente con alegría de la misma manera en que experimenta el placer del *Shabat*, el momento de la relación sexual de los sabios. Consecuentemente, la Escritura dice: "Tú sabrás que tu tienda está en paz" porque la *Shejinah* viene contigo y mora en tu casa y, por lo tanto, "visitarás tu casa y no pecarás". ¿Cuál es el significado de "no pecarás"? No perderás la oportunidad de proveer a la *Shejinah* llevando a cabo el placer del mandamiento.

De manera similar, cuando los estudiosos se separan de sus esposas durante los días de la semana para estudiar la *Torah*, la relación celestial está asegurada y no los abandona, de manera tal que hombre y mujer estén juntos. Cuando llega el *Shabat*, los estudiosos deben dar placer a su mujer para el bien y el honor debidos a la unión celestial, y deben dirigir sus mentes al deseo de su Maestro, como lo hemos explicado. De manera similar, cuando la mujer está en su periodo menstrual y él tiene un justo respeto por ella, la relación celestial le está asegurada durante esos días, para que el hombre y la mujer permanezcan juntos. Cuando su mujer se purifica, debe darle el placer del mandamiento, placer sublime. Todas las razones que hemos dado se refieren al mismo nivel. El principio es que todos los hijos de la fe deben dirigir sus mentes y sus intenciones durante la relación.

Podrían objetar y decir que en este caso es mejor que el hombre esté de viaje que en su casa, ya que la relación celestial le está asegurada. Pero, vengan y vean. Cuando un hombre se encuentra en su casa, el elemento principal de su casa es su esposa, ya que la *Shejinah* no abandona la casa mientras su mujer esté ahí. Hemos aprendido del versículo "E Isaac introdujo a Rebeca, que pasó a ser su mujer" (*Génesis* 24:67),[14] que la lámpara estaba encendida. ¿Por qué? Porque la *Shejinah* vino a su casa. El misterio de este asunto es que la madre suprema se mantiene al lado del hombre sólo cuando la casa está en orden, y el hombre y la mujer están juntos. Entonces, la madre inferior los baña con bendiciones. Consecuentemente, el hombre en su casa se encuentra adornado por dos mujeres, como el modelo del mundo superior. Por lo tanto, el significado místico de "Bendiciones de espigas y de frutos, amén de las bendiciones de los montes seculares" (*Génesis* 49:26)[15] es: "El deseo de las colinas del mundo" se extiende tan lejos como esto. La mujer superior está para reconstruirlo, adornarlo y bendecirlo; la mujer inferior, para unirse a él y recibir de él su sustento. De manera similar, en el mundo inferior, cuando el hombre se casa, "el deseo de las colinas del mundo" está con él, y él se encuentra adornado por dos mujeres, una superior y otra inferior: la superior, para bañarlo de bendiciones; la inferior, para recibir el sustento de él y unirse a él. Cuando un hombre está en su casa, "el deseo de las colinas del mundo" está con él, y él se adorna con ellas. Esto no sucede cuando está de viaje, ya que entonces la madre celestial está unida a él, pero la inferior se queda atrás. Cuando regresa a su casa, debe adornarse con ambas mujeres, como lo hemos dicho. [*Zohar* I, 49b-50a.]

La *mezuzah*

Está prescrito que se coloque una *mezuzah*[16] en la puerta para que todo hombre se encuentre protegido por el Santo, bendito sea, cuando sale y cuando entra. Este misterio se encuentra en el versículo

[14] En el texto aparece: "E Issac la introdujo en la tienda de Sara, su madre."

[15] En el texto aparece: "Como (*ad*) el deseo de las colinas del mundo."

[16] Rollo de pergamino que contiene versículos bíblicos y que se coloca a la entrada y en el marco de la puerta de toda casa judía. En la parte de atrás del pergamino se escribe el nombre de Dios: *Shadai*.

"Yahveh guarda tus salidas y entradas, desde ahora y por siempre" (*Salmos* 121:8). Por eso el misterio de la *mezuzah* se encuentra continuamente en la puerta: es la puerta del mundo superior y el nivel llamado *shomer* ("protector"), porque actúa como una protección, ya que el hombre no puede protegerse a sí mismo; la protección del Santo, bendito sea, es la que está con él. Se detiene ante la puerta y el hombre se encuentra adentro. Más aún, un hombre no debe olvidar al Santo, bendito sea. Con la *mezuzah* sucede como con los *tzitzit*,[17] sobre los que está escrito: "Tendréis pues flecos para que, cuando los veáis, os acordéis de todos los preceptos de Yahveh y los cumpláis" (*Números* 15:39). Cuando un hombre ve este recordatorio piensa en su compromiso de llevar a cabo los mandamientos de su Maestro. Y el misterio de la fe es que la *mezuzah* contiene al hombre y a la mujer juntos.

En el Libro de Salomón: Al lado de la puerta, frente a los dos niveles, hay un demonio que espera, con la autoridad para destruir, y se encuentra en la parte izquierda. Cuando un hombre levanta los ojos ve el misterio del nombre de su Maestro, lo menciona y entonces el demonio no puede hacerle ningún daño.

Podrían preguntar: En ese caso, cuando un hombre pasa el marco de su puerta, el demonio está a su derecha y la *mezuzah* a su izquierda. ¿Cómo entonces puede estar protegido si la *mezuzah* está del lado izquierdo? La respuesta está en que cada cosa que el Santo, bendito sea, ha creado sigue a las de su propia especie. Existen dos niveles en el hombre, uno en el lado derecho y otro en el izquierdo. Al de la derecha se le llama la inclinación al bien, y al de la izquierda, la inclinación al mal. Cuando un hombre pasa el marco de su puerta, el demonio levanta los ojos y ve la inclinación al mal en el lado izquierdo. Por lo tanto, es atraído por ese lado y abandona su posición de la derecha. Pero en el lado izquierdo se encuentra el nombre de su Maestro, así que no puede acercarse a él ni causarle ningún daño; el hombre sale y escapa. Cuando entra, el nombre sagrado está colocado a su lado derecho y el demonio no puede levantar acusaciones en contra suya.

Por lo tanto, nadie debe colocar basura o suciedad en la puerta de su casa ni tirar agua sucia en ese lugar: primero, para no come-

---

[17] Flecos o borlas usadas por los varones en su rebozo de rezo, así como en cualquier otra vestimenta de cuatro esquinas.

ter ningún acto irrespetuoso ante el nombre de su Maestro, y segundo, porque esto le da autoridad al destructor para destruir. Que esté entonces el hombre atento a esto, y que tenga cuidado de no despojar a su puerta del nombre del Maestro.

Cuando un hombre ha colocado una *mezuzah* en su puerta y se inclina al mal, el demonio lo protege a pesar de sí mismo diciendo: "Aquí esta la puerta de Yahveh, por ella entran los justos" (*Salmos* 118:20). Pero si no hay una *mezuzah* en la puerta, la inclinación al mal y el demonio se colocan juntos en contra de este hombre y le ponen las manos sobre la cabeza. Cuando entra en su casa, ellos abren la puerta y dicen: ¡Ay por esto y esto otro, porque ha abandonado el dominio de su Maestro! Desde ese momento se queda sin protección, ya que no hay nadie que lo cuide. ¡Que el Misericordioso nos salve! [*Zohar* III, 263b-264a.]

El estudio de las leyes

Un maestro dijo: Por esta razón está escrito de ti, "El que hizo que su brazo fuerte marchase al lado de Moisés" (*Isaías* 63:12): esto se refiere a tu novia, porque tú no puedes sentirte completo sin ella. Y cuando estás completo con ella se dice de ti, "boca a boca hablo con él, abiertamente (*u'mar'eh*) y no en enigmas" (*Números* 12:8). "En visión" (*be-mar'ah*) (*ibid.* 6), como una novia que se quita las ropas y se une a su esposo, carne con carne con todas las doscientas cuarenta y ocho partes de su cuerpo. No le esconde nada, y éste es el significado de *be-mar'ah*, que tiene el valor numérico de doscientos cuarenta y ocho.

La Santa Luminaria[18] dijo: Al principio esta visión apareció ante ti, como está escrito: "Voy a acercarme para ver este extraño caso" (*Éxodo* 3:3)[19] en la zarza ardiente, donde "zarza" se repite cinco veces.[20] Pero ahora ella se te revela en su aspecto de los doscientos cuarenta y ocho mandamientos, que son los Cinco Libros de la *Torah*, "y no en enigmas", que son sus vestimentas, como se presentó ante los otros profetas, ya que es una costumbre de la novia revelarse carne con carne sólo a su esposo.

[18] Se refiere al rabí Simón Ben Yohai, protagonista de este texto.
[19] En el texto: "Una visión, que era la gran vista."
[20] Lo que equivale a los cinco libros de la *Torah*, es decir, el Pentateuco.

En ese momento se hará realidad en ellos el versículo "Estaban ambos desnudos, el hombre y su mujer, pero no se avergonzaban uno del otro" (*Génesis* 2:25), como está un hombre con su mujer para que la maligna compañía, la multitud mezclada, el problema del mal (*kushya*) desaparezca del mundo. Ellos son los grados prohibidos del Santo, bendito sea, y Su *Shejinah*, los grados prohibidos de Israel, para no hablar de tus grados prohibidos, fiel pastor, y ellos serán cancelados de tu *halajah*. Fue a causa de ellos por lo que los secretos de la *Torah* tuvieron que mantenerse ocultos, como ha sido explicado: "Es gloria de Dios ocultar una cosa" (*Proverbios* 25:2) hasta que llegue el momento en que éstos desaparezcan. Y "reyes" no se refiere a otra cosa sino a Israel, como nos han enseñado, "Israel son todos hijos de reyes", y en ese momento "y gloria de los reyes escrutarla" (*idem*).

El fiel pastor dijo: Benditos sean ustedes ante la vista del más Antiguo de los Días, de donde vienen. Así como una rama que brota de un árbol, las almas brotan de él. [*Zohar* III, 27-28a.]

El placer de la relación

Cuando el hombre regresa a casa debe procurar placer a su mujer, ya que es ella la que le permite la unión con la compañera de arriba. Debe procurarle placer por dos razones: primero, porque el placer de las relaciones conyugales al regreso de un viaje es una buena obra, y todo placer que proviene de una buena obra es compartido por la *Shejinah*. Decimos que este placer constituye una buena obra porque contribuye a la paz de la casa. [*Zohar* I, 50a.]

Cuando llega el *Shabat*, los doctos de la ley deben procurar este placer a sus esposas para glorificar así a la compañera celeste; pero el hombre y la mujer deben inspirarse en este único pensamiento: cumplir a través de la relación la voluntad de su Señor, así como ha sido escrito. [*Zohar* I, 50a.]

El Templo

Es obligatorio construir un santuario en el mundo de abajo sobre el modelo del Templo superior, como está dicho "El lugar que tú te has preparado para tu sede, ¡oh Yahveh!" (*Éxodo* 15:17), ya que es necesario construir un santuario en el mundo de abajo y rezar en él todos los días para servir al Santo, bendito sea, porque la plegaria es llamada "servicio". La sinagoga debe construirse de la manera más bella y debe adornarse con todo tipo de adornos, ya que la sinagoga en el mundo de abajo coincide con la sinagoga superior. El templo en el mundo de abajo tiene su modelo en el templo superior, uno coincide con el otro. Todos los adornos, los rituales, las vasijas y aquellos que celebran los oficios divinos ahí, todos coinciden con el templo de arriba.

El tabernáculo que Moisés construyó en el desierto seguía totalmente el modelo del tabernáculo superior. El Templo que el rey Salomón construyó fue una casa de reposo edificada sobre el modelo celestial, con todos sus adornos, de manera que pudiera existir en el mundo superior restaurado una casa de reposo y descanso. De manera similar, la sinagoga debía seguir el modelo celestial con todo tipo de adornos hermosos, de manera que pudiera convertirse en una casa de plegaria para llevar a cabo la restauración a través de ésta, como lo hemos explicado. El Templo debía de tener ventanas, como está escrito "sus ventanas estaban abiertas" (*Daniel* 6:11), para coincidir con las de arriba. Por eso está escrito: "Mira por las ventanas, atisba por las rejas" (*Cantar de los cantares* 2:9).

Podrías decir que uno podría fijar un lugar para la plegaria también en el campo, de manera que el espíritu pueda ascender. Pero esto no es correcto. Es esencial que exista una casa en el mundo inferior, construida sobre el modelo de la casa superior, para propiciar que la morada superior descienda a la morada inferior, y en el espacio abierto no existe ninguna. Más aún, tanto la plegaria como el espíritu deben ascender directamente hasta Jerusalén desde un lugar angosto y oculto. En relación con esto, la Escritura dice: "En mi angustia hacia Yahveh grité" (*Salmos* 118:5). Esto significa que es necesario que exista un lugar angosto y oculto desde donde el espíritu pueda ascender para que deje de errar hacia la derecha o hacia la izquierda; es imposible emitir un sonido como éste en un campo. De manera similar sucede con el cuerno de carnero (*shofar*): se dirige hacia una dirección precisa desde una estrecha apertura y llega a dividir firmamentos; un espíritu del mundo superior asciende para elevarse.

Podrían objetarme citando: "Una tarde había salido Isaac de paseo en el campo" (*Génesis* 24:63). Pero Isaac era diferente, ya que se encontraba en una situación única y distinta. Más aún, este versículo no debe tener el mismo significado, porque él rezó en un "campo" diferente, como lo hemos ya explicado. [*Zohar* II, 59b-60a.]

La destrucción del Templo

Rabí Ezequiel empezó citando: "Oráculo contra el valle de la Visión. ¿Qué tienes ahora, que has subido en pleno a las azoteas, de rumores henchida, ciudad alborotada, villa bullanguera?" (*Isaías* 22:1). Vengan y vean. Se ha interpretado esto de la siguiente manera: cuando el Templo fue destruido, todos los sacerdotes subieron a los tejados del Templo, con sus llaves en las manos, y dijeron: "Hasta ahora hemos sido Tus tesoreros. De aquí en adelante, toma lo que es Tuyo." Pero vengan y vean: el "valle de la Visión" es la *Shejinah*, que estaba en el Templo. Todos los habitantes del mundo mamaban de ella la leche de la profecía, y por eso se le ha llamado "el valle de la Visión". "Visión", como ya se ha explicado, se refiere a la visión de todos los colores supremos.[21] "¿Qué tienes ahora, que has subido en pleno a las azoteas...?" Cuando el Templo fue destruido, la *Shejinah* fue y subió a todos esos lugares donde al principio vivía, y lloró por su casa y por Israel, que había sufrido el exilio, y por todos los virtuosos y los piadosos que solían vivir allí y que habían muerto. ¿Cómo sabemos esto? Porque está escrito: "Así dice Yahveh: En Ramá se escuchan ayes, lloro amarguísimo. Raquel que llora por sus hijos, que rehúsa consolarse —por sus hijos— porque no existen" (*Jeremías* 31:15). Y ya se ha explicado que, en ese tiempo, el Santo, bendito sea, preguntó a la *Shejinah*: "¿Qué tienes ahora, que has subido en pleno a las azoteas...?" ¿Por qué se dice "en pleno"? ¿No es suficiente "has

---

[21] Las *sefirot*, que se reflejan todas en ella.

subido"? ¿Qué significa "en pleno"? Que se incluye a todos los habitantes y a todos los huéspedes, todos los cuales lamentaron con ella la destrucción del Templo. Y por eso tenemos: "¿Qué tienes ahora?" Y ella le dijo: Mis hijos están en el exilio y el Templo ha sido quemado; entonces, ¿para qué voy a permanecer aquí? Y sin embargo Tú has dicho: "...de rumores henchida, ciudad alborotada, villa bullanguera. Tus caídos no son caídos a espada ni muertos en guerra" (*Isaías* 22:2); "Por eso he dicho: '¡Apartaos de mí! Voy a llorar amargamente' " (*ibid.* 4). Ya han explicado que el Santo, bendito sea, le dijo a ella: "Así dice Yahveh: Reprime tu voz del lloro y tus ojos del llanto" (*Jeremías* 31:16).

Ahora vengan y vean. Desde el día en que fue destruido el Templo no ha habido un solo día sin maldiciones. Cuando el Templo aún estaba en pie, Israel realizaba sus ritos y hacía ofrendas y sacrificios. Y la *Shejinah* descansaba sobre el pueblo en el Templo, como una madre velando sobre sus hijos, y todos los rostros resplandecían de luz, así que había bendiciones tanto arriba como abajo. Y no había un solo día sin bendiciones y alegrías. Israel vivía segura en la tierra, y el mundo entero se nutría gracias a ella. Ahora que el Templo ha sido destruido y la *Shejinah* está en el exilio con el pueblo, no hay un solo día sin maldiciones; el mundo está maldito, y no puede encontrarse la alegría ni arriba ni abajo. Pero llegará el tiempo en que el Santo, bendito sea, levante del polvo a la Asamblea de Israel, como ya se ha explicado, para hacer que el mundo se regocije en todo: "Yo les traeré a mi monte santo y les alegraré en mi Casa de oración" (*Isaías* 56:7). Y ya está escrito: "Con lloro vienen, y con súplicas los devuelvo" (*Jeremías* 31:9). Como sucedió al principio, donde está escrito: "Llora que llora por la noche, y las lágrimas surcan sus mejillas" (*Lamentaciones* 1:2); así ellos retornarán después llorando, como está escrito: "Con lloro vienen..." [*Zohar* I, 202b-203a.]

La destrucción del Templo y el exilio

En el libro de Rav Hamnuna, Sava dice: Cuando la Asamblea de Israel[22] está con el Santo, bendito sea,[23] el Santo, bendito sea, está

---

[22] La *Shejinah.*
[23] *Tiferet.*

como si dijéramos en estado de perfección, y se mantiene a Sí mismo con el flujo de la nutritiva leche que viene de la madre suprema.[24] Con ese alimento que Él absorbe les da a todos los otros de beber y los nutre. Y sabemos que rabí Simón dijo: Cuando la Asamblea de Israel está con el Santo, bendito sea, el Santo, bendito sea, se encuentra en estado de perfección, de júbilo; las bendiciones se posan en Él y fluyen de ahí hacia todos los otros. Y cuando la Asamblea de Israel no está con el Santo, bendito sea, las bendiciones les son, por así decirlo, retiradas a Él y a todos los demás. El secreto de la cuestión consiste en que, cuando el hombre y la mujer no están juntos las bendiciones no descansan en Él. Por esta razón el Santo, bendito sea, llora y ruge, como está dicho: "Yahveh desde lo alto ruge, y desde su santa Morada da su voz" (*Jeremías* 25:30). ¿Qué dice Él? "Ay, he destruido Mi Casa y quemado Mi Templo..."

Cuando la Asamblea de Israel fue al exilio le dijo: "Indícame, amor de mi alma" (*Cantar de los cantares* 1:7); tú, que eres el amado de mi alma, tú en quien vive todo el amor de mi alma, "¿de qué te alimentas?" ¿Cómo te nutres de las profundidades del río que no cesa?[25] ¿Cómo te alimentas de la luz del Edén supremo?[26] "¿Dónde apacientas el rebaño, dónde lo llevas a sestear a mediodía?", ¿cómo alimentas a todos los demás, a los que constantemente das agua? A mí me dabas de comer todos los días, y de beber, y yo les daba de beber a todos los mundos inferiores: Israel se alimentaba a través de mí; pero ahora, "¿Por qué he de ser como una que se cubre de velos?", ¿cómo puedo cubrirme sin bendiciones, cuando las necesito y sin embargo no las tengo? "Tras los rebaños de tus compañeros": ¿cómo puedo estar junto a ellos sin alimentarlos ni nutrirlos? "Los rebaños de tus compañeros": se trata de Israel, los hijos de los patriarcas, que constituyen el Santo Carro en lo alto.[27] El Santo, bendito sea, le dijo: Deja mi desesperación, pues es algo demasiado secreto para ser descubierto. Pero, si no lo sabes, he aquí este consejo: "¡Oh la más bella de las mujeres!", como está dicho: "¡Qué bella eres, amada mía, qué bella eres!" (*Cantar*

---

[24] *Binah.*

[25] *Idem.*

[26] *Jojmah.*

[27] Se les llama "tus compañeros" por los patriarcas, que son los símbolos de *Jesed, Gevurah* y *Tiferet*, los cuales forman el Carro supremo.

de los cantares 1:15), "Ve y sigue las huellas de las ovejas": éstos son los virtuosos, que son pisoteados bajo las plantas, y que te dan el poder para mantenerte a ti misma. "Y lleva a pacer tus cabritas junto al jacal de los pastores": éstos son los niños pequeños en la casa de su maestro, en los cuales el mundo se sostiene y que le dan fuerza a la Asamblea de Israel en el exilio. "El jacal de los pastores": éstas son las casas de sus maestros, el lugar de la casa de estudio, donde siempre puede encontrarse la *Torah*. [*Zohar* III, 17a-17b.]

La ofrenda

Rabí Eleazar le preguntó a rabí Simón: Sabemos que, para poder ser iluminada, la ofrenda total está conectada con el *Sancta Sanctorum*.[28] ¿Hasta qué alturas asciende la adhesión de la voluntad del sacerdote, de los levitas y de Israel?

Él dijo: Hemos enseñado que asciende hasta *En-Sof*, ya que toda adhesión, unión y acabamiento ha de ocultarse en aquel secreto que no es percibido ni conocido, y que contiene la voluntad de todas las voluntades. *En-Sof* no puede ser conocido, y no produce principio ni fin como el primigenio *Ayin*,[29] que sí produce el principio y el fin. ¿Qué es el principio? El excelso punto (*Jojmah*) que es el principio de todo, oculto y en reposo en el interior del pensamiento, y productor del fin, al que se alude diciendo: "Basta de palabras" (*Eclesiastés* 12:13). Pero no hay fines, ni voluntades, ni luces ni luminarias en *En-Sof*. Todas estas luces y luminarias dependen de él para su existencia, pero no pueden percibirlo. Aquello que sabe pero no sabe no es más que la voluntad suprema, el secreto de todos los secretos, *Ayin*.[30] Y cuando el punto supremo y el mundo venidero (*Binah*) ascienden, sólo conocen el aroma como alguien que inhala un aroma y es perfumado por él. [*Zohar* II, 239a.]

[28] La ofrenda total simboliza a la *Shejinah*, y asciende a *Binah*, que en el mundo de las *sefirot* es el *Sancta Sanctorum*.

[29] *Ayin Kadmon*, también llamado *Keter*, es la nada primigenia, de la cual son extensiones las *sefirot*.

[30] Sólo *Ayin*, o *Keter*, la voluntad suprema, posee un vago conocimiento de la naturaleza de *En-Sof*.

LAS IMÁGENES DEL HOMBRE

Las imágenes del hombre

Vengan y vean. Cuando un hombre empieza por consagrarse a sí mismo con una intención santa antes de tener relaciones sexuales con su esposa, sobre él se levanta un santo espíritu,[1] compuesto tanto de macho como de hembra.[2] Y el Santo, bendito sea, envía un emisario que está a cargo de los embriones humanos, le asigna este espíritu y le indica el lugar[3] en donde debe depositarlo. Éste es el significado de "y la noche que dijo: 'un varón ha sido concebido' " (*Job* 3:3). "La noche"[4] le dijo a este emisario en particular: "un varón ha sido concebido" por tal y tal. Y el Santo, bendito sea, le da entonces a este espíritu todas las órdenes que desea darle. Esto ha sido ya explicado. Después el espíritu desciende hasta la imagen, la misma a cuya semejanza existía arriba. Con esta imagen el hombre crece; con ella se mueve por el mundo. Éste es el significado de "Nada más una sombra el humano que pasa" (*Salmos* 39:7). Mientras esta imagen lo acompaña, el hombre sobrevive en el mundo. Son dos, unidos, y el rey Salomón enseñó esto a los hombres cuando dijo: "Antes que sople la brisa del día y se huyan las sombras" (*Cantar de los cantares* 2:17): dos.[5]

En el *Libro de hechicería* de Asmodai encontramos que, si alguien quiere incurrir en brujería del lado izquierdo y empaparse en ella, debe ponerse a la luz de una lámpara o en algún otro lugar donde sus imágenes puedan verse. Debe decir palabras designadas para este tipo de brujería y conjurar estos poderes impuros me-

---

[1] El espíritu del embrión.

[2] En el mundo superior, los espíritus tienen una forma bisexual. Sólo cuando descienden al cuerpo se dividen para ser macho o hembra.

[3] El embrión.

[4] La *Shejinah*, que controla a los ángeles y gobierna de noche.

[5] La sombra de un hombre es la manifestación exterior de su imagen. El plural aquí indica, según el texto, que se trata de dos imágenes.

diante sus nombres impuros. Después debe encomendar, bajo juramento, sus imágenes a aquéllos a quienes ha conjurado, y decir que él, por propia voluntad, está dispuesto a obedecer sus órdenes. Tal hombre deja la autoridad de su Creador y entrega su confianza al poder de la impureza. Con esas palabras de brujería que pronuncia y con las cuales conjura las imágenes, se revelan dos espíritus encarnados en forma humana y le dan información para ocasiones especiales, para fines tanto buenos como malos. Estos dos espíritus, que no estaban encerrados en un cuerpo,[6] ahora están comprendidos y encarnados en estas imágenes, y le dan al hombre información para realizar fines malvados. Éste es el que ha dejado la autoridad de su Creador y ha puesto su confianza en el poder de la impureza.

Vengan y vean. A un hombre le está prohibido tirar un utensilio doméstico, o cosa similar, y entregárselo al "otro lado", pues los que proveen el juicio están listos para recibirlo y, a partir de ese momento, no queda ninguna bendición sobre él, puesto que desde entonces pertenece al "otro lado". Y esto es aún más cierto del hombre que voluntariamente convoca a un poder extraño, *sitra ajra*, para que controle el supremo bien que él posee,[7] pues, cuando eso sucede, aquel bien le pertenece al que ha sido convocado. Y cuando se acerca el tiempo de que la exaltada imagen que le fue entregada deje el mundo, el espíritu maligno al que había sido fielmente devoto viene y toma esta imagen, encarna en ella y se va. Y la imagen nunca regresa al hombre otra vez. Después él se da cuenta de que ha sido excluido de todo.

Vengan y vean. Cuando el alma desciende para entrar en este mundo, baja al Paraíso Terrenal y contempla la gloria de los espíritus de los hombres de bien, dispuestos en filas. Después va al *Gehinom* y contempla a los malvados llorar: "¡Ay de nosotros, ay de nosotros!", sin que nadie se apiade de ellos. Todo esto es una advertencia para el alma, y la santa imagen está a su lado hasta que sale al mundo. Cuando esto sucede la imagen es llamada ante el alma, y la acompaña y crece con ella, como está dicho: "Nada más una sombra el humano que pasa." Los días de un hombre existen a

---

[6] Los espíritus malignos se quedaron sin cuerpo cuando fueron creados, en el crepúsculo, en la víspera del *Shabat*.

[7] La imagen santa.

través de la imagen y dependen de ella. Éste es el significado de: "Nosotros de ayer somos y no sabemos nada, como una sombra nuestros días en la tierra" (*Job* 8:9); "nuestros días" son en verdad "una sombra". Desde el momento en que una mujer concibe hasta que da a luz, nadie sabe cuán grandes y excelsas son las obras del Santo, bendito sea. Como está dicho: "¡Cuán numerosas tus obras, Yahveh!" (*Salmos* 104:24). [*Zohar* III, 43a-43b.]

Creación del hombre y la mujer

"De la costilla que Yahveh Dios había tomado del hombre formó una mujer" (*Génesis* 2:22).[8] Rabí Simón dijo: Ya está escrito, "Sólo Dios su camino ha distinguido, sólo él conoce su lugar" (*Job* 28:23). Este texto tiene numerosos sentidos; he aquí uno de ellos: "Dios su camino ha distinguido (*hebin*)" corresponde a "Dios formó (*yivén*) a la mujer":[9] "la mujer" es la *Torah* oral, en la cual se encuentra el camino, como está escrito: "Yahveh, que trazó camino en el mar" (*Isaías* 43:16). Por eso "Sólo Dios su camino ha distinguido, sólo él conoce su lugar." ¿Cuál es "su lugar"? La *Torah* escrita, en la cual está el conocimiento. "Yahveh Dios": nombre completo, para hacer a "la mujer" perfecta. También es llamada "Sabiduría" y "Discernimiento" y, debido a que ha sido formada por el nombre completo "Yahveh Dios", tiene completud total en virtud de estos dos nombres. "La mujer" es el Espejo que no alumbra, lo que está expresado en el versículo: "Ellos se ríen de mi caída, se reúnen, sí, se reúnen contra mí" (*Salmos* 35:15).[10] "Que Yahveh Dios había tomado del hombre" (*Génesis* 2:22): porque la *Torah* oral salió de la *Torah* escrita. "Una mujer", para unirla al fuego del lado izquierdo, pues la *Torah* fue producida por el Rigor: "Una mujer (*ishah*)" a fin de que el fuego (*esh*) y la *Hei* estén unidas. "Y la llevó ante el hombre", pues la *Torah* oral no debe permanecer sola, sino integrarse y unirse a la *Torah* escrita; y a partir del momento en que se une a ella, la *Torah* escrita la nutre y

---

[8] En el texto este pasaje se traduce: "Yahveh Elohim construyó el lado que había tomado de Abraham" y, en lo sucesivo, se sigue utilizando "lado" en vez de "mujer".

[9] En el texto: "Elohim construyó el lado."

[10] En el texto se dice: " 'El lado' es el espejo que no alumbra", y el texto bíblico traduce: "A mi lado se regocijan y se reúnen."

la restaura, y le da aquello de lo que tiene necesidad, como está escrito: "Y et la tierra" (*Génesis* 1:1); esto ya lo hemos estudiado. De ahí aprendemos, a propósito de aquel que casa a su hija, que durante todo el tiempo en que ella no ha entrado en casa de su esposo, su padre y su madre son quienes la atavían y le dan lo que necesita, pero cuando se une a su esposo, es él quien la nutre y le da lo que desea. Vengan y vean, desde el principio está escrito: "Yahveh Dios formó una mujer"; el padre y la madre la prepararon y, después; "la llevó ante el hombre" para que los dos estuvieran juntos, unidos el uno con el otro. El hombre le dará entonces lo que necesite. Otra explicación: "Sólo Dios su camino ha distinguido" (*Job* 28:23); mientras que la hija se encuentra en la casa de su madre, ésta siempre tiene a su cuidado todos sus deseos, como está expresado en el versículo: "Sólo Dios su camino ha distinguido", pero, una vez que la ha unido a su esposo, es él quien atiende a todos sus deseos y provee a todas sus necesidades, como lo expresa el versículo: "Sólo él conoce su lugar." [*Zohar* I, 48b.]

El cuerpo humano

Ven, hombre santo y piadoso, y te revelaré un misterio. Ésta es la estructura del cuerpo humano: el espíritu (*ruaj*) viene del espíritu santo (*Maljut*); el alma (*neshamah*) del Árbol de la Vida (*Tiferet*). Cuando el santo espíritu le proporciona poder, sus carros[11] inmediatamente producen el suyo. Su poder consiste en los huesos y los órganos, todos los cuales vienen de su lado y están dispuestos uno sobre otro. "El otro lado" proporciona la carne; sólo la carne viene de ese lado. Sus carros[12] proporcionan los nervios y las venas para llevar la sangre hasta la carne. Una vez que aquel lado ha contribuido con sus poderes, los cielos contribuyen con los suyos. Y, ¿cuáles son? La piel, que se extiende sobre todo, lo mismo que los cielos. Después de esto, el cielo y la tierra se unen, formando uno solo, y proveen los cuatro elementos: fuego, agua, aire y tierra, para proteger y cubrir todo. Luego cada uno toma la parte que

[11] Los ángeles de la *Shejinah*.
[12] Los agentes del "otro lado", o sea, del mal.

había proporcionado y desaparece.[13] Las porciones del santo espíritu y sus carros sobreviven. La *ruaj* del santo espíritu sobrevive y su *neshamah* asciende. Los huesos de los carros del santo espíritu sobreviven. Por eso son el fundamento del cuerpo, y así está escrito: "[Yahveh] dará vigor a tus huesos" (*Isaías* 58:11). Esto no está escrito de la carne. Mientras la carne "del otro lado" dura, Satán puede atacarla. Una vez que la carne ha perecido, éste no tiene poder para atacar, porque no tiene nada en qué basar sus acusaciones. Por eso está escrito: "Cuando su carne desaparece de la vista, y sus huesos, que no se veían, aparecen" (*Job* 33:21). "Desaparece de la vista" de Satán, que acecha para atacar, pero no puede porque "su carne desaparece". "Y sus huesos, que no se veían, aparecen", pero están fuera de su alcance porque no tiene participación en ellos. Y a medida que van siendo desplazados, uno por uno, de su lugar, él pierde el poder de acusarlos o atacarlos, porque no tiene ya nada en qué basarse, y no puede utilizar absolutamente nada en contra de ese hombre en particular. [*Zohar* III, 170a.]

Adam

El Santo, bendito sea, confesó a los de abajo, es decir, a los ángeles, el misterio de la formación de la palabra *Adam* (hombre). La palabra *Adam* (מ ד א) proviene del Misterioso de arriba, ya que, por el misterio de las letras que lo componen, el hombre participa de lo alto y de lo bajo. Participa de lo alto por la *Mem* cerrada (מ), que es la misma que la de "*lemarbé*" del versículo: "Grande es su señorío y la paz no tendrá fin"(*Isaías* 9:6); participa de lo bajo por la *Dalet* (ד), que no está cerrada sino del lado oeste. Y he aquí cómo la palabra "hombre" participa a la vez de lo alto y de lo bajo. Su completud en lo alto corresponde a su completud en lo bajo. Cuando estas letras descendieron formaron un todo armonioso y el hombre encontró que era masculino y femenino a la vez. [*Zohar* I, 34b.]

---

[13] Cuando un hombre muere, las diferentes partes de su cuerpo regresan a su fuente original y desaparecen.

El hombre primordial

Tana. Rabí Simón dijo: Deseo revelar todos esos atributos y todas esas palabras sólo a aquellos que fueron pesados en la balanza y no a aquellos que ni entraron ni salieron, ya que aquel que entra y no sale es como si nunca hubiera sido creado. El resumen de todo es lo siguiente: El más Antiguo y el Rostro Pequeño son uno. Él fue todo. Él es todo, Él será todo, Él no será cambiado. Él ha sido adornado con estos adornos y se ha perfeccionado en esa forma que comprende todas las formas, en esa forma que comprende todos los nombres. Una forma que aparece como ésta no es esa forma, sino que es sólo parecida a ella. Cuando las coronas se juntan, todo se convierte en una perfección, porque la forma de *Adam* (el hombre primordial) es la forma de los seres supremos e inferiores que están incluidos dentro de ella. Y ya que comprende a los seres supremos e inferiores, el Santo y Antiguo modeló sus adornos y los adornos del Rostro Pequeño en esta forma. Si dices: ¿cuál es la diferencia entre las dos?, todo queda en la misma balanza. Nosotros hemos separado los caminos, sin embargo: la compasión emanó de este lado; y del otro, el juicio. Sólo desde nuestro lado son diferentes uno del otro y estos secretos no fueron revelados excepto a los segadores del campo sagrado, como está escrito: "El secreto del Señor está con aquellos que Le temen" (*Salmos* 25:14). También está escrito: "Entonces Yahveh Dios formó al hombre (*Adam*)" con dos letras *Yod*. Él completó los adornos dentro de los adornos, como un sello. Esto es *yitser*. ¿Por qué razón hay dos *Yod*? Éste es el secreto del Santo más Antiguo y un secreto del Rostro Pequeño. ¿Qué es *va-yitser* (modeló)? *Tsar* es una forma (*tsura*) dentro de otra. Y, ¿qué es una forma dentro de otra? Los dos nombres que son llamados el nombre completo de Dios. Y éste es el secreto de las dos letras *Yod* de "Él creó una forma dentro de otra forma." Formó el nombre completo: Dios el Señor. ¿Y en qué están ambos incluidos? En esta forma suprema que es llamada *Adam*, que incluye lo masculino y lo femenino; así está escrito, *et-ha-Adam* (El Hombre), que comprende lo masculino y lo femenino... ¿Y para qué es todo esto? Para poder transportar en ellas lo más secreto de todas las cosas, que es el alma, de la que toda vida superior e inferior depende y en ella se establece. [*Zohar* III, 145a-b.]

Ascenso y descenso del alma

Rabí Eleazar le hizo una pregunta a rabí Simón. Dijo: Puesto que el Santo, bendito sea, sabe que los hombres han de morir, ¿por qué envía almas al mundo? ¿Qué necesidad tiene de ellas?

Él le respondió: Incontables personas han preguntado esto a los sabios, y ellos han respondido. El Santo, bendito sea, envía almas al mundo para que Su gloria sea conocida, y luego las recoge otra vez. ¿Por qué descienden entonces? El misterio consiste en lo siguiente.

Empezó citando: "Bebe el agua de tu cisterna, la que brota de tu pozo" (*Proverbios* 5:15). Se ha interpretado esto así: en una cisterna el agua no fluye por su propia cuenta.[14] ¿Cuándo fluye esta agua entonces? Cuando el alma es perfeccionada en este mundo y asciende al lugar al que está unida,[15] entonces es perfecta por todos lados, tanto arriba como abajo. Cuando el alma asciende, el deseo por la hembra despierta en el hombre; entonces el agua fluye desde abajo hacia arriba y la cisterna se convierte en un pozo de agua viva. Entonces hay unión y unidad, deseo y placer, pues ese lugar es perfeccionado mediante las almas de los rectos, y el amor y el deseo se levantan hacia lo alto y quedan unidos.[16] [*Zohar* I, 235a.]

El sueño

Rabí Simón estaba de viaje con rabí Eleazar, su hijo, rabí Aba y rabí Judah. Mientras caminaban rabí Simón dijo: Me sorprende que la gente no preste atención al estudio de las palabras de la *Torah*, al verdadero fundamento de sus vidas.

Empezó citando: "Con toda mi alma te anhelo en la noche, y con todo mi espíritu por la mañana te busco" (*Isaías* 26:9). Se ha interpretado y explicado este verso; pero vengan y vean. Cuando el hombre se va a la cama su alma lo abandona y asciende a lo alto.

---

[14] La *Shejinah* es comparada con una cisterna: no posee una fuente propia y necesita recibir un flujo de influencia para llenarse.

[15] A la *Shejinah*.

[16] Por la relación de *Tiferet* con *Maljut*.

Pero, ¿en realidad ascienden todas las almas? No todas ven el rostro del Rey.[17] Sin embargo el alma sí asciende, y nada queda en el cuerpo más que cierta impresión de vida en el corazón; el alma se va y trata de ascender. Tiene que cruzar muchos niveles diferentes. Allí se mueve y es confrontada por las engañosas luces de la impureza. Si es pura y no fue contaminada durante el día, asciende a los reinos superiores. Pero si no es pura se contamina entre ellas, se une a ellas y no asciende más allá. Ahí recibe cierta información y con ella puede percibir lo que sucederá en el futuro inmediato. A veces se burlan de ella y le dicen mentiras. Sigue así durante toda la noche hasta que el hombre despierta y ella regresa a su lugar. Dichosos los hombres de bien, pues el Santo, bendito sea, les revela Sus misterios durante los sueños, a fin de que puedan protegerse del juicio.[18] Ay de los malvados del mundo que se corrompen a ellos mismos y a sus almas.

Vengan y vean. Cuando los que no están corrompidos van a la cama su alma asciende; primero pasa por todos estos niveles, pero no se une a ellos y sigue ascendiendo. Y así continúa, subiendo a su manera. El alma que se ha ganado el derecho de ascender se presenta entonces ante el Anciano de los Días[19] y se aferra a su deseo, mostrándose en toda su nostalgia por ver el deleite del Rey y visitar Su palacio. Éste es el hombre que tiene una continua participación en el mundo venidero, y ésta es el alma cuya nostalgia, sentida durante el ascenso, se dirige en forma perpetua al Santo, bendito sea, y no se une a ese tipo de fuegos ajenos[20] sino que va en pos de los sagrados[21] y busca el lugar de donde vino.[22] Así pues está escrito: "Con toda mi alma te anhelo en la noche": para ir tras de Ti y no ser seducida por ninguna fuerza ajena. [*Zohar* I, 83a.]

[17] Es decir, contemplan las divinas *sefirot*.

[18] Los hombres de bien son informados durante los sueños sobre juicios que se llevarán a cabo en el mundo, y así pueden escapar del castigo arrepintiéndose a tiempo.

[19] Metatron, que guarda la puerta del mundo de las *sefirot*; o *Shejinah*, la *sefirah* más baja, en donde el alma, en caso de merecerlo, recibe permiso de entrar en el mundo del Dios Superior.

[20] Las fuerzas del "otro lado".

[21] Las *sefirot*.

[22] La *Shejinah*, el origen del alma.

Rabí Judah y rabí José estaban alojándose en Kfar Hanan. Mientras estaban allí llegó un hombre que traía una gran carga y entró en la casa.

Rabí Judah estaba diciéndole a rabí José: Hemos sabido que el rey David acostumbraba dormitar como un caballo, sólo durante ratos breves. ¿Cómo entonces se levantaba a la media noche? El tiempo que dormía era muy corto; debía de permanecer despierto durante una tercera parte de la noche.

Él le dijo: Cuando caía la noche él se encontraba sentado con todos los grandes hombres de su casa, tomando decisiones legales y estudiando la *Torah*. Después dormía hasta la media noche; a esa hora despertaba, se levantaba y se ocupaba de adorar a su Hacedor con canciones y alabanzas.

Entonces el hombre le dijo: ¿Es en verdad tan simple como dices? El misterio del asunto consiste en lo siguiente: El rey David está vivo, vive por siempre y para siempre.[23] A lo largo de su vida se cuidó mucho de experimentar el sabor de la muerte. Ahora bien, el sueño es la sexagésima parte de la muerte, y David, debido a su situación de estar "vivo", dormía sólo durante sesenta respiraciones, ya que durante cincuenta y nueve respiraciones el hombre está "vivo". Tras esto experimenta el sabor de la muerte y uno de los poderes del mal, el espíritu de la impureza, gobierna sobre él. Por eso el rey David se cuidó mucho de experimentar el sabor de la muerte o de permitir que el *sitra ajra* gobernara sobre él, pues las cincuenta y nueve respiraciones e incluso la sexagésima constituyen el misterio de la vida superior, pues son las sesenta respiraciones celestes, el misterio del que depende la vida. Pero a partir de ese momento empieza el misterio de la muerte.[24] Así pues el rey David debió calcular la extensión de su sueño por la noche, a fin de preservar su vida y no ser dominado por el *sitra ajra*, el sabor de la muerte. Entonces, en el momento en que la noche se

---

[23] El rey David representa la *sefirah Maljut*, la *Shejinah*, que incluye en sí misma la vida eterna de todo el sistema sefirótico.

[24] Para muchos comentaristas las sesenta respiraciones son una referencia a las seis *sefirot* (o "seis extremidades") que están sobre la *Shejinah*, pero esto no explica por qué son sólo cincuenta y nueve respiraciones, ya que el reino de las *sefirot* en su totalidad se encuentra bajo el dominio de lo divino. Así pues, parece que la referencia es a los seis niveles de ángeles, o poderes, que se encuentran bajo la *Shejinah*. Su territorio se encuentra en las fronteras del dominio de la muerte; así habría en ellos "un sabor de la muerte".

divide,[25] David sería mantenido en su postura,[26] porque cuando la media noche se levanta, y la santa corona también se levanta no desea que David esté atado a un lugar ajeno, al lugar de la muerte.[27] Cuando la noche se divide y la santidad suprema se levanta, y el hombre yace dormido en su cama sin presenciar la gloria de su Creador, entonces está confinado al misterio de la muerte y se aferra a un lugar ajeno. Por eso el rey David siempre estaba dispuesto a velar por la gloria de su Creador: los vivos con lo Vivo. No se quedaba dormido y así rehuía experimentar el sabor de la muerte. Cabeceaba como un caballo durante sesenta respiraciones, pero no dormía totalmente.

Rabí Judah y rabí José fueron y lo besaron. Le dijeron: ¿Cómo te llamas?

Él dijo: Ezequías.

Ellos le dijeron: Que tu poder continúe y tu *Torah* crezca en fuerza.[28] [*Zohar* I, 206b-207a.]

Los muertos

Rabí Ezequías dijo: He aprendido algo, pero temo revelarlo; y aun así la sabiduría puede encontrarse en cualquier cosa que suceda en el mundo. Rabí Aba vino, lo tocó y dijo: Di lo que tengas que decir. Ponte las armas.[29] En los días de rabí Simón ben Yohai las cosas pueden ser reveladas.

Él dijo: He aprendido algo de las costumbres del mundo por las lecciones de rabí Yesa Sava. Un hombre que vale lo suficiente como para tener un hijo en este mundo debe hacer que él le espolvoree polvo sobre los ojos cuando lo entierren. Y éste es un honor para él, mediante el cual se demuestra que el mundo está ahora cerrado para él pero que, en su lugar, su hijo poseerá el mundo; puesto que la imagen del mundo aparece en el ojo de un hombre y

---

[25] Es decir, la media noche.

[26] En el misterio de la vida de la *Shejinah*.

[27] Entre la caída de la noche y la media noche domina el poder de *sitra ajra*, que intenta dañar a la *Shejinah*. La media noche es un momento decisivo: *sitra ajra* se debilita y la *Shejinah* se fortalece y se une con su compañero, *Tiferet*.

[28] "Ezequías", literalmente, quiere decir: "Dios es mi fuerza."

[29] Las armas de la *Torah*, que indican preparación para revelar los secretos divinos.

todos los colores se encuentran girando en él. El blanco es el gran mar, el océano que rodea al mundo entero por todas partes; otro color es la tierra seca, rodeada de agua,[30] y la tierra seca se encuentra entre el agua, así como el color está entre el agua. El tercer color —en el centro— es Jerusalén, que es el centro del mundo. Un cuarto color es la visión del ojo, llamada "pupila". En la pupila aparece la imagen, y es la visión más gloriosa de todas.[31] Ésta es Sión, el punto absolutamente central,[32] donde se ve la visión de todo el mundo, y en donde habita la *Shejinah*, que es la belleza de todo y la visión de todo.[33] Este ojo posee el mundo y de ahí que, cuando lo deja el padre, su hijo lo tome y lo posea.

Él le dijo: Lo que has dicho es verdad, pero aquí hay un misterio más profundo y la gente no lo conoce ni lo comprende. Cuando un hombre deja el mundo, su alma está aún unida a él. Antes de que ella parta, los ojos de un hombre ven lo que ven,[34] como se ha explicado, pues está escrito: "Pero mi rostro no podrás verlo; porque no puede verme el hombre y seguir viviendo" (*Éxodo* 33:20): durante su vida no ven, pero en la muerte sí ven. Los ojos de un hombre muerto están abiertos debido a la visión que han visto, y los que están junto a él deben tender la mano sobre ellos y cerrárselos. Podemos deducir esto de algunos hábitos de la gente que tienen un significado secreto, a saber: que cuando un hombre deja el mundo y sus ojos han quedado abiertos por la gloriosa visión que ha tenido, su hijo (si es que es lo suficientemente valioso como para tenerlo) debe ser el primero en tender la mano hacia sus ojos y cerrárselos, como está escrito: "José te cerrará los ojos" (*Génesis* 46:4). Ya que una visión extraña y profana está a punto de confrontarlo, y el ojo que acaba de tener una visión santa, celestial, no debe tener una visión extraña.[35] Más aún, el alma se queda cerca de él en la casa y si el ojo se deja abierto y la visión

---

[30] El iris, rodeado por el blanco del ojo.

[31] En la pupila se refleja la imagen del objeto visto. La pupila es la más gloriosa de las visiones en el mismo sentido en que la *Shejinah* lo es, porque todas las visiones del mundo aparecen en ella y en ella son reflejadas.

[32] Sión es el sitio del santuario y, en particular, del *Sancta Sanctorum*, en donde se encuentra la piedra fundacional del mundo.

[33] Todas las *sefirot* se reflejan en la *Shejinah*, así como también todos los mundos que derivan de ella.

[34] La *Shejinah* es revelada al hombre muerto antes de que su alma lo deje.

[35] *Sitra ajra*, que tiene poder sobre el cuerpo.

extraña se establece en él, cualquier cosa que mire será maldecida. Esto es deshonroso para el ojo, y más para los parientes, y más aún para el hombre muerto, puesto que será un deshonor para él si mira algo que no debía y algo extraño se asienta sobre sus ojos.

Por lo tanto, el ojo es cubierto de polvo. Los compañeros han discutido con frecuencia sobre las razones para el juicio de la tumba.[36] Repercute en el honor de un hombre que su ojo sea cerrado a todo por un hijo que él ha dejado en el mundo. [*Zohar* I, 226a.]

El deseo

"Subió Lot desde Soar" (*Génesis* 19:30). Rabí Abahu dijo: Vengan a ver lo que está escrito acerca de la inclinación al mal. Han de saber que ésta no dejará de actuar contra la humanidad hasta que llegue el momento, como está escrito: "...quitaré de vuestra carne el corazón de piedra" (*Ezequiel* 36:26). Pues, aunque vea a los hombres recibir castigos en el *Gehinom*, la inclinación al mal vuelve una y otra vez a la humanidad. Éste es el significado de "Subió Lot desde Soar...": del dolor (*tza'ar*) del *Gehinom*. Sube desde ahí para tentar a la humanidad.

Rabí Judah dijo: Hay tres disposiciones en el hombre: la disposición del intelecto y la sabiduría: éste es el poder del alma santa (*neshamah*); la disposición desiderativa, que desea todos los malos deseos: éste es el poder del deseo; y la disposición que controla al hombre y fortalece el cuerpo: ésta se llama "el alma (*nefesh*) del cuerpo".

Rav Dimi dijo: Éste es el poder de fortalecimiento.

Rabí Judah dijo: Vengan a ver. La inclinación al mal puede ejercer el control sólo a través de los dos poderes que hemos mencionado. El alma desiderativa es aquella que siempre sigue la mala inclinación. Éste es el significado de "La mayor dijo a la pequeña: 'Nuestro padre es viejo...' " (*Génesis* 19:31). El alma desiderativa provoca a la otra y la hace, junto con el cuerpo, arrimarse a la mala inclinación. Dice: "Ven, vamos a propinarle vino a nuestro padre, nos acostaremos con él...": ¿Qué nos espera en el mundo venide-

---

[36] Es un juicio muy severo en el que el alma y el cuerpo vuelven a reunirse para ser castigados. El que el hijo cubra los ojos del padre supuestamente alivia este dolor.

ro? Sigamos la mala inclinación y el deseo por los placeres de este mundo. ¿Y qué es lo que ambas hicieron? Determinaron unirse a él. Está escrito: "En efecto, propinaron vino a su padre aquella misma noche..." Se saciaron para poder despertar la inclinación al mal con comida y bebida.

"Y entró la mayor y se acostó con su padre." Cuando un hombre yace de noche en su cama, su alma desiderativa despierta a la inclinación al mal, la contempla y se adhiere a todo tipo de malos pensamientos hasta que es fecundada por ellos. El corazón del hombre queda impregnado del mal pensamiento y se adhiere a él. Se queda en su corazón, y no descansa hasta que despierta al poder del cuerpo, como en el principio, para que se adhiera a la mala inclinación, y entonces el mal está completo. Éste es el significado de "Las dos hijas de Lot quedaron encintas de su padre."

Rabí Isaac dijo: La inclinación al mal puede ser seducida sólo con bebida y comida, y es por medio del placer del vino como gobierna a los hombres. ¿Qué está escrito del hombre de bien? "Come el justo y queda satisfecho" (*Proverbios* 13:25), y nunca se emborracha. Pues rabí Judah dijo: Un sabio que está borracho es para nosotros como "Anillo de oro en nariz de un puerco" (*ibid.* 11:22): peor aún, profana el nombre de Dios. La manera de los malvados es "jolgorio y alegría" (*Isaías* 22:13); luego el vino gobierna al hombre: "...matanza de bueyes y degüello de ovejas, comer carne y beber vino" (*idem*). La Escritura dice de ellos: "Ay, los que despertando por la mañana andan tras el licor" (*ibid.* 5:11), a fin de provocar la inclinación al mal, pues ésta sólo se despierta con el vino. Éste es el significado de "propinaron vino a su padre".

Rabí Abahu dijo: Está escrito "...sin que él se enterase de cuándo ella se acostó ni cuándo se levantó" (*Génesis* 19:33). A la inclinación al mal no le preocupa que el alma se acueste en este mundo ni que se levante en el próximo;[37] sólo quiere, junto con el poder del cuerpo, satisfacer su deseo. Rabí Abahu dijo: Cuando los malvados entran en *Gehinom* traen con ellos la inclinación al mal para que los mire. Éste es el significado de "Lot entraba en Soar" (*ibid.* 23): al dolor (*tza'ar*) de *Gehinom*; y luego sale de allí con el fin de tentar a la humanidad, como ya hemos dicho. Éste es el significa-

---

[37] Poco le importa a la mala inclinación el sufrimiento del alma a la hora de la muerte en este mundo, o al recibir el castigo del *Gehinom* en el mundo venidero.

do de "Subió Lot desde Soar...": desde el dolor (*tza'ar*) de *Gehinom*.

"Subió Lot desde Soar y se quedó a vivir en el monte con sus dos hijas, temeroso de vivir en Soar." Rabí Isaac dijo: "en el monte"; significa que establece su casa en una zona montañosa: en un cuerpo seco como una montaña y vacío de bondad. "Con sus dos hijas": los dos poderes que he mencionado.[38] "Temeroso de vivir en Soar": el temor y el estremecimiento lo sacuden cada vez que ve el dolor de *Gehinom*, donde sufren los malvados, y donde cree que será juzgado. Pero, una vez que se da cuenta de que no será juzgado allí, deja el lugar con el fin de persuadir a los hombres y a las mujeres que lo sigan. [*Zohar* I, 109a-110b.]

Salida de Abram

Rabí Aba dijo: Lo que has dicho acerca de que no está escrito: "Abram salió" sino "Marchó Abram" está muy bien. Pero consideremos el final de ese mismo versículo: "cuando salió de Jarán" (*Génesis* 12:4). Rabí Eleazar dijo: En efecto, se especifica que él dejó Jarán; ahora bien, la salida en tanto que tal data de la partida anterior, fuera de la tierra de su nacimiento, es decir, de Ur. "Tomó Abram a Saray, su mujer" (*ibid.* 12:5). ¿Qué significa la expresión "tomó"? En verdad Abram persuadió a Saray con buenas palabras, porque el hombre no tiene derecho de hacer salir a su esposa hacia una tierra extranjera sin su consentimiento. De la misma manera, las palabras "Toma a Aarón" (*Números* 20:25) y "Toma a los levitas" (*ibid.* 3:45). Así convenció Abram a Saray por medio de palabras, dándole a conocer lo malos que eran los procedimientos de las gentes de su generación. Es de esta manera como "Tomó Abram a Saray, su mujer, y a Lot, hijo de su hermano" (*Génesis* 12:5). ¿Qué es lo que había intuido Abram como para tomar también a Lot? De hecho tuvo una visión inspirada por "el espíritu de santidad", la cual le mostró que, en tiempos venideros, David nacería de la descendencia de Lot. "Y el personal que habían adquirido en Jarán" son los prosélitos, hombres y mujeres, que se habían enmendado. Abram convirtió a los hombres y Saray a las mujeres; en realidad esto se consideró como si los hubieran educado.

---

[38] El poder del deseo y el del cuerpo.

Rabí Aba preguntó: Si esto es así, estos hombres fueron muy numerosos. ¿Afirmarías tú que todos acompañaron a Abram?

Rabí Eleazar respondió: Sin duda alguna que sí. Incluso ésa es la razón por la cual todas las personas que salieron con Abram son llamadas "El pueblo del Dios de Abraham" (*Salmos* 47:10). Abram atravesó territorios enteros sin experimentar el menor temor gracias a su presencia; esto es lo que significan las palabras "Abram atravesó el país" (*Génesis* 12:6).

Rabí Aba dijo: Yo, por mi parte, interpreto esto de otra manera. Si estuviera escrito "Y el personal (*nefesh*) que habían adquirido en Jarán" estaría de acuerdo contigo, pero está escrito: "Y *et*[39] *nefesh* que habían adquirido en Jarán." Aquí la partícula *et* viene a añadir el mérito propio de todos esos individuos (*nefesh*) que acompañaron a Abram; pues a quienquiera que dirija a otro hacia el bien se le atribuye su mérito, y éste no lo vuelve a abandonar. El versículo citado nos enseña entonces que era el mérito de los individuos lo que acompañaba a Abram, y no los individuos mismos; y que fue este mérito la razón por la cual Abram no temió a nada en el transcurso de sus viajes.

"Vete" (*Génesis* 12:1).[40] Rabí Simón dijo: ¿Por qué razón en el primer develamiento, la primera vez que el Santo, bendito sea, se develó ante Abraham, comenzó diciéndole "Vete"? Antes de eso no le había dirigido ni una palabra. En verdad, y ya lo hemos dicho, las palabras *lej-lejá* ("vete en busca de ti mismo") hacen alusión, en tanto que tienen como valor numérico el número cien, al hecho de que un hijo le nacería a Abraham cuando él hubiera alcanzado la edad de cien años. Sin embargo, vengan y vean. Todo lo que el Santo, bendito sea, hace sobre la tierra apunta hacia un secreto de sabiduría. La razón por la que le dijo "Vete en busca de ti mismo" es que Abraham, de entrada, no estaba unido a Él adecuadamente. Esto hace alusión al lugar por donde es necesario aproximarse a Él, que es el primer grado de ascensión, y que designa la expresión "Vete en busca de ti mismo". Abram no podía alcanzar este grado antes de entrar en la tierra de Israel; hasta este

<hr />

[39] La *Biblia de Jerusalén* no traduce esta partícula —que en hebreo viene a ser un actualizador— en el versículo citado (*Génesis* 12:5).

[40] La *Biblia de Jerusalén* lo traduce así simplemente: "vete". Una interpretación más literal de la expresión *lej-lejá* podría ser "vete hacia ti", "vete en busca de ti mismo".

versículo, estaba solamente destinado a obtenerlo. [*Zohar* I, 79a-79b.]

"Marchó, pues, Abraham, como se lo había dicho Yahveh" (*Génesis* 12:4). Rabí Eleazar dijo: Vengan y vean, no está escrito exactamente "Abraham salió", sino "Abraham marchó", lo que corresponde a la expresión "Vete en busca de ti mismo";[41] pues la "salida" ya la habían efectuado Abraham y su familia, de acuerdo con el versículo "Salieron juntos de Ur de los caldeos, para dirigirse a Canaan" (*ibid.* 11:31). Pero de hecho está escrito: "marchó", y no "salió". "Como se lo había dicho Yahveh", porque había recibido todas estas promesas. "Y con él marchó Lot": se juntó con Abraham para aprender de sus acciones pero, a pesar de esto, aprendió poco. Rabí Eleazar dijo: Dichosos los justos, que estudian la conducta del Santo, bendito sea, a fin de ir por sus caminos y de temer el Día del Juicio, en el que el hombre será llamado a rendirle cuentas. Para ilustrar sus palabras, rabí Eleazar explicó el versículo siguiente: "la mano de todo hombre retiene bajo sello, para que todos conozcan su obra" (*Job* 37:7). Este versículo ha sido ya objeto de un comentario. Sin embargo, vengan y vean: en este día en el que llegan a su fin todos los días del hombre, cuando éste deja el mundo, cuando de su cuerpo quebrado (*nefesh*) aspira a evadirse, le es permitido ver aquello que jamás le fue dado ver durante el tiempo en el que prevalecía su cuerpo y en el que gozaba de salud. En este momento último tres mensajeros se ciernen por encima del hombre y le hacen una enumeración de sus días y sus faltas, de todos los actos que realizó en este mundo. Él los reconoce todos, asumiéndolos. Cuando se ha terminado la enumeración pone su firma, y es esto lo que designan las palabras: "la mano de todo hombre retiene bajo sello, para que todos conozcan su obra" (*Job* 37:7). Con su propia mano firma todos sus actos, para ser juzgado después de este mundo a causa de sus faltas anteriores o posteriores, nuevas o viejas, de suerte que ni una sea olvidada, como está escrito: "para que todos conozcan su obra". Asimismo, de todos

---

[41] *Lej-jejá* significa "vete", pero en el *Zohar* se da a estas palabras un valor simbólico particular: no sólo "ponte en marcha", sino "ve en busca de ti mismo, de tu propia identidad".

los actos que ha cometido en este mundo con su cuerpo y con su espíritu rinde cuentas, también con su cuerpo y con su espíritu, justo antes de dejar este mundo. [*Zohar* I, 78b.]

EL MUNDO NATURAL

El desierto

Rabí Simón y su hijo rabí Eleazar estaban de viaje, y rabí Aba y rabí José iban con ellos. En el camino se encontraron con un viejo que llevaba a un niño pequeño de la mano. Rabí Simón levantó los ojos y lo vio. Le dijo a rabí Aba: De seguro obtendremos de este hombre nuevas formas de penetrar en el conocimiento de las cosas.

Cuando llegaron hasta donde estaba el viejo, Rabí Simón dijo: Has venido con tu equipaje a cuestas, ¿quién eres?

Soy un judío, dijo él.

De seguro hoy ganaremos nueva agudeza, dijo él. ¿A dónde vas?

Yo vivía entre los ermitaños del desierto, donde estudié la *Torah*, contestó él. Pero ahora he vuelto al mundo habitado para vivir a la sombra del Santo, bendito sea, durante estos días del séptimo mes.[1]

A rabí Simón le complació esto y dijo: Sentémonos, pues de seguro el Santo, bendito sea, te ha enviado hasta nosotros. Por tu vida, continuó, queremos oír de tu boca acerca del séptimo mes, cuéntanos con esas viejas nuevas palabras que has plantado en el desierto. Pero, ¿por qué has dejado el desierto para regresar al mundo habitado?

El viejo le dijo: Por esta pregunta puedo ver que posees sabiduría, que tus preguntas alcanzan el firmamento de la sabiduría. Y empezó a citar: "y en el desierto, donde has visto que Yahveh tu Dios te llevaba como un hombre lleva a su hijo..."(*Deuteronomio* 1:31). Este versículo debía haber rezado: "y en el desierto, donde Yahveh tu Dios te llevaba..." ¿Qué caso tiene el "has visto"? El Santo, bendito sea, guió a Israel a través del desierto, un terrible desierto, tal como está escrito: "serpientes abrasadoras y escor-

---

[1] Para celebrar el festival de *Sukot* o festividad de los tabernáculos.

piones..." (*ibid.* 8:15), el desierto más cruel de todos. ¿Por qué? Porque en ese tiempo, cuando Israel salió de Egipto y contaba con seiscientos mil,[2] el reino santo era fuerte, y era exaltado sobre los demás, y la luna[3] brillaba. Entonces el reino malvado, "el otro lado", fue humillado. Y el Santo, bendito sea, los hizo viajar por el terrible desierto, que es el lugar donde reina el malvado Samael, ya que en realidad le pertenece a él, a fin de romper su fuerza y su poder, de aplastarle la cabeza y humillarlo para impedir que gobernara. Y si Israel no hubiera pecado, el Santo, bendito sea, hubiera querido eliminarlo del mundo. Ésta es la razón por la que los hizo pasar por su propia tierra, su porción y su heredad. Cuando pecaron, la serpiente los mordió muchas veces. Entonces se cumplieron las palabras: "él te pisará la cabeza..."[4] (*Génesis* 3:15). Israel le golpeó la cabeza al principio, y no sabían cómo protegerse de él, y finalmente él los golpeó, y todos cayeron en el desierto, y así se cumplieron las palabras: "mientras acechas tú su calcañar." (*idem*). Durante cuarenta años ellos sufrieron en sus manos, lo que corresponde a los cuarenta latigazos prescritos por las cortes. Éste es el significado de "tú has visto", a saber: que ellos vieron con sus propios ojos al señor del desierto cargado de grillos y cadenas ante ellos, mientras ellos tomaban su tierra y su heredad. ¿Cómo sabemos esto? Por el verso: "Los príncipes de Edom se estremecieron" (*Éxodo* 15:15), y ellos eran las "serpientes abrasadoras y escorpiones..." Así pues, también nosotros hemos abandonado la civilización en favor del duro desierto, para estudiar la *Torah* allí, para someter este lado. Lo que es más, sólo allí pueden ser totalmente comprendidas las palabras de la *Torah*, pues no hay más luz que la que proviene de la oscuridad ya que, cuando este lado es sometido, el Santo, bendito sea, es ensalzado hacia lo alto y loado en Su gloria. Y no existe culto al Santo, bendito sea, sino el que viene de la oscuridad; no existe bien sino el que procede del mal. Cuando un hombre toma el camino malo y después lo abandona, el Santo, bendito sea, es exaltado en Su gloria. Entonces la perfección de todo está en el bien y el mal juntos;

---

[2] Se dice que el número de personas presentes en la entrega de la *Torah* en el monte Sinaí era de seiscientos mil; de ahí que en algunos fragmentos se hable de seiscientos mil interpretaciones diferentes de ésta.

[3] *Maljut.*

[4] En el texto: "Ellos te pisarán..."

por lo tanto, en el ser exaltado mediante el bien, pero no hay bien sino el que viene del mal, y a través de este bien Su gloria es exaltada, y éste es el culto perfecto. Hasta ahora hemos vivido allí todo el año a fin de humillar este lado en el desierto. Ahora que ha llegado el tiempo del santo culto del lado santo hemos vuelto al mundo habitado, pues es éste el lugar de Su culto. También sucede que ahora, al principio del año, es cuando aquella serpiente demanda justicia ante el Santo, bendito sea, y por tanto reina allí. Así pues, hemos dejado aquel lugar y vuelto al mundo habitado. [*Zohar* II, 183b-184a.]

La luna

La forma de las letras en el misterio sagrado: la *Hei*[5] inferior que hemos mencionado, el símbolo del Templo, la luna, cuando está en creciente y se embellece a sí misma para el sol a fin de recibir luz de él; estas amadas coronas están una frente a otra. Y las doncellas que están con ella se adornan y embellecen con lujosos atavíos: una detrás de ella, una frente a ella, una de este lado y una del otro. Ella está en el medio, y los Sanedrín de setenta y dos[6] están en su corte semicircular para hacer un círculo alrededor de la luna, a fin de que la consorte pueda adornarse para su esposo. Y ella está en esta forma:) media luna con un punto en el centro,[7] es el punto que recibe la luz del sol para hacerla fluir hacia todo el cuerpo. A este misterio alude el punto que está situado en el centro del ojo, ya que la existencia de todo depende del punto que está en el centro, el que recibe toda la luz para iluminar al ojo entero. La luna es iluminada sólo a partir de este único punto, que está situado y sellado en el centro, aunque en realidad no pueda ser visto en la luna. Vengan y vean. Todos los círculos que existen están construidos a partir de un solo punto central. En consecuencia, el círculo de la luna en su totalidad está construido a partir de un solo punto que está sellado en su interior, en su centro. Y este punto recibe toda la luz, ilumina el cuerpo: y todo es iluminado. [*Zohar hadash, Bereshit, 5a, Sitrei Otiot.*]

[5] La *Shejinah*.
[6] Ángeles que administran el juicio en los palacios de la *Shejinah*.
[7] El punto de Sión, el símbolo místico del vientre.

Fases de la luna

"Los primeros de mes ofreceréis un holocausto a Yahveh..." (*Números* 28:11).[8] Los sabios de la *Mishnah* dijeron que cuando santificaban las lunas nuevas bajo las órdenes de la corte encendían antorchas en la cima de las montañas y decían: Si la ves así, santifícala. A veces la luna tenía esta forma: ⌣ ,con los cuernos mirando hacia arriba. A veces estaba mirando hacia abajo: ⌢; unas veces estaba mirando hacia el este, así: (, y otras veces hacia el oeste, así:) . Algunas veces hacia el sur y algunas veces hacia el norte. De esta manera mira hacia las seis extremidades que están comprendidas en *Tiferet*, que es la letra *Vav*: *Gedulah*, *Gevurah*, *Tiferet*, *Netzah*, *Jod* y *Yesod*.[9] El punto que vierte influencia desde dentro sobre ella es *Jojmah*, y el hilo que la rodea es *Keter*. Este punto es, algunas veces, una corona, y otras veces un taburete para los pies.[10] ¿Por qué se le llama "luna" (*levanah*)? Por el calor blanco (*libun*) de la ley que está en su interior: "Toda espléndida, la hija del rey, va adentro" (*Salmos* 45:14), y es blanqueada por el fuego de *Bi-nah*, que desciende sobre ella. Este misterio está expresado en el versículo: "Así fueren vuestros pecados como la grana, cual la nieve blanquearán" (*Isaías* 1:18). Aunque antes era *Adonai*, el Juicio rojo en *Gevurah*, donde está *Binah*, ahora es blanqueada en el lado de *Jesed*, donde está *Jojmah*, y se convierte en *YHVH*.[11] ¿Qué es lo que la transforma de Juicio en Misericordia? Los perfectamente virtuosos, porque la luna está del lado del Árbol de la Ciencia del Bien y del Mal, pero su corteza está oscurecida.[12] "Cuando [...] aparece un tumor blanco, o una mancha de color blanco rojizo", se refiere a la sirvienta, la inclinación al mal. "[Pero si el sacerdote ve que] ni está más hundida que la piel, y que ha perdido color" (*Levítico* 13:21), entonces no tiene nada

---

[8] En el original: "Y en tus lunas nuevas ofrecerás..."

[9] La letra *Vav* tiene el equivalente numérico de seis. Los cuatro puntos cardinales son, en este orden: *Tiferet, Yesod, Jesed* y *Gevurah*. "Arriba" y "abajo" son *Netzah* y *Jod. Maljut*, la luna, mira hacia estas *sefirot* para recibir influencia de ellas.

[10] Cuando *Maljut* asciende es una corona, y cuando se queda en su lugar es como un trono o un taburete.

[11] Se le llama *Adonai* cuando es el Juicio, pero cuando se une con *Jesed* y *Rahamim* (Amor y Misericordia) se convierte en la última letra del Tetragrama (*H*).

[12] *Maljut* está muy relacionada con el mal. La rodean los colmillos oscuros, la inclinación al mal y Lilit.

propio. El hilo la ilumina y la acompaña en la noche, que es el exilio; pero la dejará en el día, que es el mundo por venir, cuando "...para vosotros, los que teméis mi Nombre, brillará el sol de justicia con la salud en sus rayos" (*Malaquías* 3:20). Pero la luna del Árbol de la Vida, este punto que se encuentra en el interior, es como una fuente que nunca cesa, de la cual está escrito: "como manantial cuyas aguas nunca faltan" (*Isaías* 58:11) y es llamada "cierva de amor" en el lado de *Jesed*.[13] Esto dice el versículo: "Con amor eterno te he amado: por eso he reservado gracia para ti" (*Jeremías* 31:3). Y tiene dos cuernos de luz, así: ◡. Algunas veces "uno está más alto que el otro" (*Daniel* 8:3), así:) ; y otras están igual, así: ◡ [*Zohar* III, 248b.]

La función de las estrellas

Vengan y vean. Las estrellas en el cielo existen debido a la influencia que se extiende del misterio supremo, ya que todo está hecho a la imagen del mundo superior, y nosotros ya lo hemos explicado anteriormente. Por lo tanto, todas las estrellas, los planetas y la altura del firmamento están ahí para dirigir al mundo que se encuentra debajo. De ahí los niveles se extienden de manera que están preparados para guiar a las estrellas de abajo, ya que ninguna de ellas existe por su propia autoridad, y nosotros ya lo hemos explicado: todas ellas existen bajo la autoridad del mundo superior. Por lo tanto, está escrito, "Que te salven los que describen los cielos, los que observan las estrellas" (*Isaías* 47:13). Todo está controlado, y ya ha sido explicado. [*Zohar* II, 232a.]

Los siete planetas

El Pastor Fiel dijo: ¿Por qué está prohibido comer levadura durante los siete días cuando se come sólo el pan sin levadura? Y, ¿por qué está escrito "no comáis pan fermentado" (*Éxodo* 13:3) y "no

---

[13] En el punto interior, donde se encuentra el misterio del amor, *Maljut* se une a *Tiferet*, después de "blanquearse" en el Árbol de la Vida; y entonces la influencia corre sin interrupción a partir de este punto.

comeréis nada fermentado"? Hay siete planetas: Saturno, Júpiter, Marte, el sol, Venus, Mercurio y la luna. Ellos provienen de ambos lados, bueno y malo. La luz interna es pan no fermentado y la cáscara de afuera es levadura, y las cáscaras son pan fermentado masculino, y el fermento, femenino. La *matzah* (pan sin levadura) que se encuentra dentro está protegida y éstas son "las siete doncellas elegidas de la casa del rey" (*Ester* 2:9); de ellas está escrito: "deberás proteger las *matzot*" (*Éxodo* 12:17). La *matzah* se guarda para el esposo, que es *Vav*, y junto con él, ella se convierte en *mitzvah* (mandamiento). Es él quien la protege ya que *Yod-Hei* están ocultos dentro de *Mem* y *Tzadik* de *matzah*: *Yod* por *Mem*, *Hei* por *Tzadik*. Y el Santo, bendito sea, ordenó que se pronunciaran sobre ella siete bendiciones en la víspera de la Pascua, y ellas son las siete doncellas: Saturno, Júpiter, Marte, el sol, Venus, Mercurio y la luna. Él ordenó que se cancelaran la levadura y el fermento, porque ellas son las nubes oscuras que oscurecen las luces de los siete planetas, ya que está escrito: "Pero una vez que las tuvieron dentro, ni se conocía que las tuviesen, pues su aspecto seguía tan malo", oscuro, "como al principio" (*Génesis* 41:21), ya que la oscuridad de las nubes es tal que las luces no pueden brillar en ellas. Por lo tanto, "ni se conocía que las tuviesen". [*Zohar* III, 251a-251b.]

La luz del ojo

"Dijo Dios: 'Haya luz', y hubo luz" (*Génesis* 1:3). Ésta es la luz que el Santo, bendito sea, creó en el mismo principio, y es la luz del ojo. Es esta luz la que el Santo, bendito sea, mostró a Adam, que con su ayuda podía ver desde un lado hasta el otro lado del mundo. Es esta luz la que el Santo, bendito sea, mostró a David, que pronunció alabanzas y dijo: "¡Qué grande es tu bondad, Yahveh! Tú la reservas para los que te temen" (*Salmos* 31:20). Es esta la luz que el Santo, bendito sea, mostró a Moisés, que con su ayuda pudo ver desde Gilead hasta Dan. Y cuando el Santo, bendito sea, vislumbró que surgirían tres generaciones malvadas —concretamente, la generación de Enoj, la generación del Diluvio y la generación de la Dispersión— la ocultó para evitar que hicieran uso de ella. Pero el Santo, bendito sea, se la dio a Moisés y él la utilizó durante los tres meses que restaban del embarazo de su madre, como está escrito: "lo tuvo escondido durante tres meses" (*Éxodo* 2:2) y después de estos tres meses se presentó ante el faraón. El Santo, bendito sea, se lo llevó entonces de ahí hasta que se detuvo en el monte Sinaí para recibir la *Torah*. Después, lo regresó y lo utilizó toda su vida; los hijos de Israel no pudieron acercársele hasta que se colocó un velo sobre su rostro, como está escrito: "Temían acercarse a él" (*Éxodo* 34:30). Se envolvió con él como si fuera una capa. Éste es el significado de "Arropado de luz como de un manto" (*Salmos* 104:2).

"Haya luz y hubo luz". Dondequiera que "y hubo" sucedió, se refiere al mismo tiempo a ambos mundos, este mundo y el mundo venidero.

Rabí Isaac dijo: La luz que el Santo, bendito sea, creó se extendió de uno a otro extremo del mundo y después se ocultó. ¿Por qué fue ocultada? Para que los malvados del mundo no hicieran uso de ella y, en consecuencia, los mundos no pudieran hacerlo; fue almacenada para los justos —en realidad para el justo— como está escrito: "La luz se alza para el justo, y para los de recto corazón la alegría" (*Salmos* 97:11). Entonces los mundos estarán perfumados con especies y serán uno. Pero hasta que llegue el día del mundo, permanecerá escondida y oculta. [*Zohar* I, 31b-32a.]

Los colores

Rabí Isaac empezó por citar: "Dijo Dios: 'Haya un firmamento por en medio de las aguas, que las aparte unas de las otras' " (*Génesis* 1:6). Este firmamento fue creado en el día segundo, ya que este acontecimiento se originó en el lado izquierdo. Y en el segundo día, que es el lado izquierdo, fue creado *Gehinom*; fue el producto de la fundición del fuego de la izquierda. Y en este día se constituyó el color púrpura, que es el asiento del Juicio. Este día tomó el agua que se originó en el lado derecho, y el agua que se originó en el lado derecho no fue revelada hasta el segundo día. El agua no fue revelada en el día que le correspondía, pero los días fueron cambiados, de manera que uno fuera comprendido dentro del otro y que uno fuera perfumado con el otro.

La luz del primer día fue la primera de las seis luces. Y esta luz estaba del lado del fuego, como está escrito: "La luz de Israel vendrá a ser fuego" (*Isaías* 10:17), la luz de Israel estaba del lado derecho, pero contenida dentro del fuego. El primero de los seis días de la Creación fue el agua, y nada ayudaba al trabajo del agua sino el trabajo de la luz, que es el segundo día. Esto es para mostrar que el Santo, bendito sea, creó el mundo únicamente sobre la paz, y que todo siguió el camino de la paz. Todo lo que hizo el primer día lo hizo al lado de su compañero. El segundo día hizo el trabajo al lado del primer día, y lo ayudó, ya que cada uno ayudaba al otro en su trabajo para mostrar que estaban incluidos el uno en el otro. El tercer día estaba al lado de ambos, y el púrpura se encontraba en él, y por eso está escrito "que estaba bien... que estaba bien" —dos veces—, en relación con el tercer día (*Génesis* 1:10-12).

Este azul del tercer día estaba hecho de dos colores, el rojo y el negro: "...púrpura, violeta y escarlata, carmesí, lino fino y pelo de cabra" (*Éxodo* 25:4). Su aspecto rojo vino del segundo día, como el color del fuego, y éste es *Elohim*, y tomó posesión del color dorado, porque se trata de un mismo color. El azul surgió del color rojo. Cuando bajó hacia las regiones inferiores, el color rojo se desvió y entró en ese lugar que es el mar, y se formó el color azul. El rojo entró en el mar y su color se debilitó y se volvió azul pálido, y éste es *Elohim*, pero no era tan brillante como el primero. El negro emergió al verterse hacia afuera el color rojo, cuando fue separado y debilitado allá abajo, cuando la porquería fue vertida hacia afuera. Descendió a las regiones inferiores, y un color rojo salió de la porquería, de la absoluta porquería, y a causa de ésta se hizo negro, y todo fue vertido hacia afuera de la prístina rojez. Todo esto fue creado en el segundo día, y se le llama "otros dioses".

Este negro es el más oscuro. Su color no se puede ver a causa de su oscuridad. La santa luminaria dijo: ¿Dónde se formó este color negro oscurecido? Cuando este rojo se vertió en el azul y se mezclaron los colores, un torrente de deshechos fue vertido en los abismos, y de ahí se formaron el lodo y el cieno, como está dicho: "cuyas aguas lanzan cieno y lodo" (*Isaías* 57:20), y del lodo de los abismos emergió la oscuridad que es negra, y no simplemente de color negro, sino del más oscuro de los negros. Éste es el significado del verso: "y oscuridad por encima del abismo" (*Génesis* 1:2). ¿Por qué se le llama "oscuridad"? Porque su color es oscuro, y oscurece los rostros de los hombres. Éste es el negro y el rojo. Y, por lo tanto, del segundo día no se escribió: "que estaba bien". [*Zohar* II, 149b.]

Rojo y blanco

Rabí Aba se encontraba de viaje y rabí Isaac estaba con él. Mientras caminaban se encontraron con unas rosas. Rabí Aba recogió una y siguió su camino.

Rabí José se los encontró, dijo: La *Shejinah* debe estar aquí; puedo ver, a partir de lo que rabí Aba tiene en sus manos, que voy a aprender cosas de gran sabiduría, porque sé que rabí Aba recogió esa rosa con el único propósito de enseñarnos algo de su sabiduría.

Rabí Aba dijo: Siéntate, hijo mío. Siéntate.

Se sentaron. Rabí Aba olió la rosa y dijo: Es el puro aroma el que sostiene el mundo, ya que hemos visto que el alma sobrevive sólo a través del aroma. Por ello olemos el mirto cuando acaba el *Shabat*.

Él empezó citando: "Mi amado es para mí, y yo soy para mi amado: Él pastorea entre los lirios."[14] ¿Quién hizo de mí el amor de mi amado y quién hizo a mi amado mío? El hecho es que Él gobierna el mundo con las rosas. Una rosa es roja y tiene aroma, y si la calientas se vuelve blanca, pero no pierde su aroma. El Santo, bendito sea, gobierna su mundo de esta manera; ya que si no fuera así, el mundo no podría sobrevivir al pecado humano.

Al pecador se le llama "rojo", ya que está escrito: "Y así fueren rojos vuestros pecados como el carmesí, cual la lana quedarán" (*Isaías* 1:18). Él lleva sus ofrendas al fuego, que es rojo; alrededor del altar esparce la sangre, que es roja; el atributo del juicio es rojo. La ofrenda se calienta, y surge el humo, que es completamente blanco. Entonces el rojo se convierte en blanco. El atributo del juicio se convierte en el atributo de la misericordia. Vengan y vean. El aroma del atributo del juicio es efectivo sólo por el rojo

---

[14] El texto se refiere a rosas y no a lirios. Aunque bien podría pensarse en la existencia de lirios rojos, mantengo, en este caso, el término rosa.

que lo constituye. Éste es el significado de la explicación que rabí Judah hace del versículo: "Gritaron más alto, sajándose, según su costumbre, con cuchillos y lancetas hasta chorrear la sangre sobre ellos" (I *Reyes* 18:28). Esto significa que ellos no habrían podido tener lo que querían del atributo del juicio si no hubiera sido a través del color rojo.

Rabí Isaac dijo: Más aún, el rojo y el blanco van siempre juntos en las ofrendas, y el aroma brota de ambos. De la misma manera en que la rosa es roja y blanca, así el aroma de las ofrendas deriva tanto del rojo como del blanco. Vengan y vean. Podemos deducir esto del aroma del incienso, algunos de cuyos ingredientes son rojos y otros blancos; por ejemplo, el incienso es blanco, y la mirra es roja; el aroma surge de ambas, del rojo y del blanco. Por lo tanto, Él gobierna su mundo con rosas, que son rojas y blancas a la vez.

Está escrito: "para ofrecerme la sangre y la grasa" (*Ezequiel* 44:15). Para corresponder a esto, el hombre ofrece su propia grasa y sangre y, a través de ello, obtiene la expiación: una es roja y la otra blanca. Sólo el fuego es capaz de transformar una rosa, que puede ser roja y blanca al mismo tiempo, en algo completamente blanco. De la misma manera, sólo el fuego convierte el sacrificio en algo completamente blanco. Igualmente, cuando un hombre ayuna y ofrece su grasa y su sangre, se vuelve blanco a causa del fuego, como lo dijo rabí Judah: Cuando un hombre ayuna los miembros de su cuerpo se debilitan y el fuego empieza a tener poder sobre él; entonces debe ofrecer su grasa y su sangre en ese fuego. En ese momento es llamado "un altar de expiación". Esto puede ilustrarse en el caso de rabí Eleazar, que cuando ayunaba acostumbraba rezar: "Es evidente para Ti, Oh Señor, mi Dios y el Dios de mis padres, que te he ofrecido mi grasa y mi sangre y los he asado en el calor de la debilidad de mi cuerpo. Ojalá fuera tu voluntad que el aliento que surge de mi boca en este momento fuera como el aroma que brota del sacrificio en el fuego del altar y pudieras mirarme con amabilidad." Así, vemos que el hombre ofrece, a través del ayuno, tanto la grasa como la sangre, y que el aliento que surge de su boca es un altar de expiación. Por lo tanto, fue ordenado que la plegaria ocupara el lugar del sacrificio, siempre y cuando el que reza tenga en mente el propósito que hemos descrito.

172

Rabí Isaac dijo: Está escrito inmediatamente después: "todo lo que puede pasar por el fuego, lo pasaréis por el fuego y quedará puro" (*Números* 31:23).

Rabí José dijo: Mientras que el Templo[15] existió, acostumbraban ofrecer sus sacrificios de esta manera y así obtener la expiación. Ahora, la plegaria nos da la expiación en lugar del sacrificio, pero de la misma manera. [*Zohar* II, 20a-20b.]

División de las aguas

"Dijo Dios: 'Haya un firmamento por en medio de las aguas...' " (*Génesis* 1:6). Aquí tenemos los detalles de la división entre las aguas de arriba y las de abajo por el misterio de la izquierda, aquí se creó el conflicto. Hasta entonces había existido sólo el misterio de la derecha, pero ahí se formó el misterio de la izquierda y así surgió el conflicto entre este lado y el derecho. El derecho es la perfección en todas las cosas, por eso todo se escribió por la derecha, porque toda perfección depende de ese lado. Pero cuando la izquierda surgió, surgió el conflicto, y en él dominó el fuego de la ira, y de él surgió *Gehinom*, que se levantó a la izquierda y se unió a este lado.

"Haya un firmamento": se llevó a cabo una extensión, de una surgió la otra.[16] *El* es el racimo de la mano derecha (*Jesed, El, El Gadol*), "gran Dios" (*El*). Una extensión de las aguas ocurrió para completar este nombre, *El*, que fue incluido en esa extensión. De una surgió la otra, *El*: *Elohim*.[17] Estas letras, *HYM*, se extendieron y se invirtieron, transformándose así en las aguas inferiores:*YMH*. La extensión se llevó a cabo en el segundo día. Las aguas superiores: "Ahí está el mar, grande y de amplios brazos (*ha-yam*)" (*Salmos* 104:25): *HYM*. "El mar" son las aguas superiores, precisamente lo opuesto a estas letras: *YMH*, las aguas inferiores. Una vez que habían sido dispuestas en orden formaron un todo unita-

---

[15] Se refiere al Templo de Jerusalén, destruido por segunda vez en el año 70 d.C. por los romanos. Fue entonces cuando comenzó el exilio mayor del pueblo judío.

[16] Se refiere al proceso de las emanaciones de *Binah*. Las *sefirot* emanaron de ella como en cadena, un eslabón tras el otro.

[17] De *Binah*, las aguas superiores, emanaron las letras *HYM* que añadidas al nombre *El* forman *Elohim*.

rio;[18] después este nombre se extendió por varios lugares. Las aguas superiores fueron masculinas y las aguas inferiores, femeninas. En un principio las aguas estaban en las aguas, hasta que fueron separadas y pudieron distinguirse las aguas superiores de las aguas inferiores. Unas fueron *Elohim*, y otras *Adonai*, la *Hei* superior y la *Hei* inferior. Está escrito: "E hizo Dios el firmamento" (*Génesis* 1:7). Esta extensión tomó ese nombre, *Elohim*, las aguas superiores; y las aguas inferiores, *Adonai*. Pero, a pesar de todo esto, cuando las aguas masculinas se perfeccionaron en las aguas femeninas, el nombre *Elohim* se extendió sobre todo.[19] Y aunque se había hecho una división entre las aguas superiores y las inferiores, el conflicto no cesó hasta que vino el tercer día (*Tiferet*)[20] y lo resolvió. Entonces todo se estableció en su propio lugar. Debido a este conflicto, aunque el mundo esté basado en él, no está escrito del segundo día "que estaba bien", pues el trabajo no había sido terminado. Las aguas de arriba y las de abajo estaban juntas, y no hubo progenie en el mundo hasta que se separaron y se hicieron distintas; fue entonces cuando tuvieron progenie. La división y el conflicto ocurrieron en el segundo día, y fue el tercer día el que resolvió todo, ya que fue su nombre[21] el que se grabó en *Hei*, *Vav*, *Hei* con el fin de establecer la paz entre las aguas superiores y las inferiores: la *Hei* de arriba (*Binah*) y la *Hei* de abajo (*Maljut*), con *Vav* entre ellas, para establecer la paz entre ambas. Las aguas del Jordán son una indicación de esto: "las aguas que bajaban de arriba se detuvieron y formaron un solo bloque" (*Josué* 3:16); "mientras que las que bajaban hacia el mar... se separaron por completo" (*idem*), e Israel atravesó por el centro.

Hay cinco "firmamentos" escritos aquí.[22] "El que vive para siempre" se mueve entre ellos y allí gobierna; todos están comprendidos el uno dentro del otro, y si no fuera por este conflicto que fue resuelto por el intermediario no hubieran estado en paz, ni comprendidos uno dentro del otro. Éstos son los quinientos años que necesita el Árbol de la Vida (*Yesod*) para producir fruto y procrea-

---

[18] El sistema de las *sefirot*.

[19] El nombre *Elohim*, que al principio se reservaba para las aguas superiores, se extendió también a las inferiores (*Maljut*), cuando fueron reunidas en el sistema de las *sefirot*.

[20] La misericordia, que actúa como intermediaria entre el amor y el juicio.

[21] *Tiferet*, simbolizado por la letra *Vav*.

[22] En el segundo día "firmamento" se menciona cinco veces.

ción en el mundo. Y todas las aguas de la Creación que se acumularon y emergieron desde el principio (*Bereshit*) surgieron debajo de él y por medio de él. El rey David (*Maljut*) lo recibió todo y acto seguido lo distribuyó, como está escrito: "y repartió a todo el pueblo, a toda la muchedumbre de Israel" (II *Samuel* 6:19); también está escrito: "tú se lo das y ellos lo toman" (*Salmos* 104:28), y: "Se levanta cuando aún es de noche / da de comer a sus domésticos" (*Proverbios* 31:15). [*Zohar* I, 17a-18a.]

Las mareas

Está escrito: "Tú domeñas el orgullo del mar, cuando sus olas se encrespan las reprimes" (*Salmos* 89:10). Cuando rugen los rompientes del mar y los abismos se levantan y derrumban, el Santo, bendito sea, envía un rayo del lado derecho (*Jesed*), levanta los rompientes y después calma su furia; nadie sabe esto. Jonás entró en el mar, el pez estaba preparado y lo tragó. ¿Por qué su alma no se separó y huyó de inmediato? Porque el Santo, bendito sea, gobierna sobre la furia del mar, y la furia del mar es un rayo de la izquierda (*Din*) que levanta el mar hacia lo alto, y debido a esto el mar se alza. Si no fuera por este rayo del lado derecho (*Jesed*) nunca se alzaría, pues cuando el otro rayo (*Din*) desciende al mar e influye en él, sus olas se excitan y rugen por su presa, hasta que el Santo, bendito sea, las rechaza y regresan a su lugar. Éste es el significado de "cuando sus olas se encrespan las reprimes": "las", se refiere a las olas del mar. Tú las sometes y las haces volver a su lugar. [*Zohar* I, 69b.]

La tierra y el sol

Rabí Simón enseñó: Vengan y vean. El Santo, bendito sea, hizo el sol sólo para que fuera útil a la humanidad. Vengan y vean. El sol se mueve a través de trescientos noventa lugares en el mundo habitado. Asciende y desciende, y tiene ciertos grados y niveles conocidos. Éste es el significado de "Mira, voy a hacer retroceder a la sombra diez gradas de las que ha descendido el sol por las gradas de Ahaz" (*Isaías* 38:8).

Rabí José dijo: ¿Cómo sube?

Rabí Simón dijo: Hemos aprendido de los maestros de la Academia que el mundo es redondo como una esfera. Cuando se alza en el oriente describe un círculo hasta que baja, y entonces es la tarde. Y luego desciende en forma circular atravesando ciertos grados y rodea todo el mundo habitado. Cuando desciende y se oculta de nosotros nos trae la noche, pero brilla sobre los que viven bajo nosotros, de acuerdo con la naturaleza circular de la tierra y la forma en que está habitada. Después continúa y baja a separar el agua que está bajo el océano de la que está arriba. Hace una división en el centro del agua a fin de evitar que el torrente que viene de *Gehinom* inunde y arrase a la humanidad. Así pues, es llamado *shemesh* (sol) sólo porque sirve (*shimesh*) a la humanidad. Es llamado *shemesh*, el ministro (*shamash*) que sirve a todos.

Rabí Eleazar dijo: Si el sol no se remojara en el océano, quemaría y destruiría el mundo entero. Asciende desde la parte inferior del mundo habitado y alcanza el nivel que en griego se llama *karbosa*.[23] Desde ahí empieza a ascender de nuevo, y el sonido de sus ruedas se escucha por todos los firmamentos a medida que avanza, cantando, en su viaje. Nadie lo ha escuchado nunca salvo Moisés, el fiel servidor del Rey, y Josué, que fue su ministro. Y cuando Josué tuvo necesidad de ello y escuchó el melodioso sonido del sol, no pudo soportarlo. ¿Qué está escrito ahí? "A los ojos de Israel dijo: 'Detente, sol, en Gabaón'" (*Josué* 10:12). ¿Qué quiere decir *dom*?: deja de cantar, cesa tu sonido melodioso. Porque podía oír el sonido que hacía el sol al moverse.

Rabí Bo dijo: El sol hace seiscientos cuarenta viajes entre el día y la noche, el valor numérico de la palabra *shemesh*, y rodea el mundo entero. ¿Por qué es necesario esto? Para suavizar y calentar la tierra, madurar las cosechas y las hierbas, y hacer que las frutas y los árboles crezcan. [*Zohar hadash, Bereshit*, 15a.]

Las estrellas

Rabí Eleazar y rabí Aba iban a pasar juntos una noche. Cuando había anochecido salieron al jardín junto al lago Tiberíades; en-

---

[23] No hay tal palabra en griego con ese significado.

tonces vieron dos estrellas que se movían desde diferentes direcciones, chocaron entre sí y luego desaparecieron.

Rabí Aba dijo: ¡Qué grandes son las obras del Santo, bendito sea, tanto arriba en los cielos como abajo en la tierra! ¿Quién podrá comprender el significado de estas dos estrellas, que han venido desde diferentes direcciones, chocado entre ellas y despúes desaparecido?

Rabí Eleazar le dijo: ¡En efecto las vimos! Hemos presenciado esto y hemos presenciado muchas otras cosas que el Santo, bendito sea, lleva a cabo continuamente.

Empezó después a citar: "Grande es nuestro Señor, y de gran fuerza, no tiene medida su saber" (*Salmos* 147:5). Grande, poderoso y excelso es el Santo, bendito sea. Pero, ¿no era ya del conocimiento de todos que el Santo, bendito sea, era grande y de gran poder? ¿Cuál es el sentido de la alabanza de David? En otro lugar dice: "Grande es el Señor." Pero aquí dice: "Grande es nuestro Señor." ¿Por qué? Donde dice "Grande es Yahveh y muy digno de alabanza" (*Salmos* 145:3), está hablando del nivel superior (*Tiferet*). Pero aquí, donde está escrito "Grande es nuestro Señor", está hablando del nivel inferior (*Maljut*), que es el señor de toda la tierra. ¿Y qué está escrito inmediatamente antes? "Él cuenta el número de estrellas, y llama a cada una por su nombre" (*Salmos* 147:4). Si toda la humanidad desde la creación de Adam se reuniera para contar las estrellas, no podría hacerlo, como está escrito: "cuenta las estrellas, si puedes contarlas" (*Génesis* 15:5). Pero del Santo, bendito sea, se ha escrito: "Él cuenta el número de estrellas y llama a cada una por su nombre." ¿Por qué? Porque está escrito: "Grande es Yahveh, y muy digno de alabanza." Y pues nadie puede contar las estrellas del cielo sino Él; de Él está escrito: "no tiene medida su saber".

Vengan y vean. Está escrito: "El que hace salir por orden al ejército celeste, y a cada estrella por su nombre llama" (*Isaías* 40:26). El Santo, bendito sea, llama por su nombre a todos y cada uno de sus ejércitos, campamentos, estrellas, sin que falte ni uno solo. Todas las estrellas y los planetas de los firmamentos son nombrados supervisores y oficiales para servir al mundo, y a cada uno se le confía una tarea que le cuadre. No hay ni una sola brizna de pasto en todo el mundo que no esté controlada por una estrella o un planeta en el firmamento. Y sobre esa estrella en particular hay un supervisor que es ministro del Santo, bendito sea. Cada uno hace lo que le corresponde; todas las estrellas de los firmamentos sirven en este mundo, y a todas se les ha asignado el hacerse cargo de cada una de las cosas que pertenecen a este mundo. No hay hierba ni árbol, pasto ni grano que pueda crecer ni florecer si no es bajo la vista de las estrellas que están sobre ellos. Los miran cara a cara, cada una según le corresponde.

Casi todas las compañías de estrellas y planetas salen durante los primeros dos o tres cuartos de hora después de la caída de la noche. Después de esto sólo unas pocas salen. Y ninguna de estas estrellas aparece en vano. Hay estrellas que sirven hasta la media noche; desde la caída de la noche hasta esa hora hacen crecer y florecer todas las cosas sobre las que tienen control. Y hay estrellas que sirven sólo por un momento durante la noche pues, tan pronto como aparecen sobre una hierba o una determinada brizna de pasto, su trabajo es efectuado de inmediato y no son necesitadas ya más durante esa noche. Entonces, una vez que han llevado a cabo su función y no tienen ya un propósito específico, desaparecen de este mundo y vuelven a sus lugares.

En el *Libro de la excelsa sabiduría* de los antiguos se habla de los cometas que dejan un rastro en el firmamento. Dicen que hay hierbas en la tierra llamadas por ellos "elíxires de la vida", y que hay piedras preciosas y oro en laminillas que florece en las altas montañas, casi cubierto por el agua —no totalmente cubierto, sino que el agua fluye sobre él—: todo esto está sujeto a los cometas y florece sólo gracias a ellos. Su disposición y su crecimiento depende enteramente de la imagen y la brillantez del rastro que el cometa deja en el firmamento. Todas estas cosas se preparan entonces y florecen. Hay ciertas enfermedades entre los hombres, tales como la ictericia y los malos humores, cuya cura depende de un espejo de pulido metal que brilla ante los ojos; la persona enferma debe mirarlo. El espejo ha de pasarse frente al enfermo de lado a lado, como el rastro de un cometa, y esto arrojará un relámpago de luz sobre su cara; la cura viene del relámpago de luz que le cae sobre los ojos. De la misma manera, todas las cosas que están sujetas a las estrellas pueden existir y florecer como es debido sólo gracias al rastro que se tiende; así pues, son mantenidas por el espejo, el color y el poder, como corresponde. Concuerda muy bien con esto lo que se dice en el *Libro de las piedras precio-*

sas del rey Salomón de que, si se quitara la iluminación resplandeciente de ciertas estrellas, las piedras no podrían jamás existir ni conservarse. El Santo, bendito sea, lo ha preparado todo para el buen gobierno del mundo, como está dicho: "para alumbrar sobre la tierra" (*Génesis* 1:15), para cualquier cosa que sea necesaria para el buen gobierno del mundo. [*Zohar* II, 171a-172a.]

El arco iris

Rabí José dijo: El arco iris se tiende para proteger al mundo.[24] Es como si hubiera un rey cuyo hijo constantemente pecara contra él; cada vez que el rey fuera a castigarlo, la reina consorte aparecería ataviada con las hermosas vestiduras de la realeza para que, cuando el rey la viera, dejara de sentir ira contra su hijo y se regocijara en ella, como está escrito: "Pues en cuanto esté el arco en las nubes, yo lo veré para recordar la alianza perpetua entre Dios y toda alma viviente" (*Génesis* 9:16). Por eso el arco iris aparece en el mundo sólo ataviado con las hermosas vestiduras de la realeza. Cuando hay un hombre de bien en el mundo se convierte en el pacto para mantener la alianza y protege al mundo. Pero cuando no hay ningún hombre de bien, el arco iris tiene que aparecer, ya que de otra manera el mundo sería destruido; sólo por medio del arco iris puede salvarse.

Rabí Eleazar dijo: El arco iris estaba ataviado con las vestiduras de los patriarcas (*Jesed*, *Gevurah* y *Tiferet*), amarillo, rojo y blanco. Amarilla es la vestidura de Abraham, que fue teñida de ese color cuando Ismael salió de él.[25] Rojo es el color de Isaac, ya que el rojo vino y lo tiñó cuando Esaú salió de él, y esta rojez se extendió hasta el planeta Marte,[26] con el cual se asocia a Esaú. El blanco es la buena vestidura de Jacob, cuyo semblante nunca cambió.

Rabí Aba dijo: Eso está bien, pero la Santa Luminaria[27] dijo lo

[24] El arco iris es un símbolo de la *Shejinah*. Por lo tanto, cuando aparece en el cielo, es como si fuera la *Shejinah* revelándose para proteger al mundo.

[25] El amarillo, no tan puro como el blanco, refleja la conexión de Abraham con "el otro lado" al engendrar a Ismael, a quien se considera como "cáscara amarilla".

[26] El planeta de la guerra, el que derrama sangre.

[27] Rabí Simón ben Yohai, el rabino cuya sabiduría es considerada única en el judaísmo, es el personaje central de esta "novela mística", como diría Scholem. A él se le atribuyó la autoría del *Zohar* hasta fines del siglo XIX.

siguiente: El blanco es Abraham, que fue blanqueado por la fiereza del fuego. El rojo es definitivamente Isaac. El amarillo es Jacob, que se coloca entre los dos colores. De Jacob está escrito: "No se avergonzará en adelante Jacob, ni en adelante su rostro palidecerá" (*Isaías* 29:22), ya que su lecho fue puro. Y así fue: "No se avergonzará en adelante Jacob" —no se verá rojo como Isaac, que engendró a Esaú; "ni en adelante su rostro palidecerá" —no se verá blanco como Abraham, que engendró a Ismael. Pero toma los colores y se adorna con ellos más que sus padres. Son estas vestiduras las que se pone el arco iris cuando aparece ante el Rey (*Tiferet*). [*Zohar* III, 215a-215b.]

El Carro de Ezequiel

Rabí Simón empezó citando: "Por encima de la bóveda que estaba sobre sus cabezas había algo como una piedra de zafiro en forma de trono" (*Ezequiel* 1:26). ¿Qué está escrito antes? "Yo oí el ruido de sus alas como un ruido de muchas aguas, como la voz del Shadai cuando marcharon" (*Ibid.* 1:24). Éstas son las cuatro grandes, santas y excelsas criaturas sobre las cuales está dispuesto el firmamento. Las alas de todas ellas están unidas entre sí para cubrir sus cuerpos, y cuando las extienden se escucha su sonido, pues cantan una canción. Éste es el significado de: "como la voz del Shadai", que nunca cesa, como está escrito: "mi corazón por eso te salmodiará sin tregua. Yahveh, Dios mío, te alabaré por siempre" (*Salmos* 30:13). Y, ¿qué es lo que dicen? "Yahveh ha dado a conocer su salvación, a los ojos de las naciones ha revelado su justicia" (*ibid.* 98:2). "Era un ruido atronador, como ruido de batalla" (*Ezequiel* 1:24), como el ruido de un campamento sagrado, cuando todas las excelsas huestes están reunidas en los reinos superiores. Y ¿qué dicen? "Santo, Santo, Santo Yahveh Sebaot: llena está toda la tierra de Su gloria" (*Isaías* 6:3). Miran hacia el sur y dicen "Santo"; miran hacia el norte y dicen "Santo"; miran hacia el este y dicen "Santo"; miran hacia el oeste y dicen "Bendito". El firmamento permanece sobre sus cabezas; dondequiera que vayan sus caras miran en esa dirección y están contenidas en él. Vuelven sus cabezas a las cuatro esquinas, cada una volviendo su propia cabeza de cuatro lados. Tiene cuatro caras grabadas: la de un león, la de un águila, la de un buey y la de un hombre. El hombre está grabado en todas ellas: la cara del león —el hombre; la cara del águila —el hombre; la cara del buey —el hombre; todas están comprendidas en él. Por eso está escrito: "En cuanto a la forma de sus caras, era una cara de hombre" (*Ezequiel* 1:10). Todos los colores están contenidos en el firmamento de cuatro partes. En él se ven cuatro colores, grabados en un dibujo con cuatro variaciones. En los cuatro grabados están inscritas las luces superiores y las inferiores. Cuando estos colores son separados ascienden a doce: verde, rojo, blanco y color zafiro, en los cuales están contenidos todos los colores. Éste es el significado de "Con el aspecto del arco iris que aparece en las nubes los días de lluvia, tal era el aspecto de este resplandor, todo en torno. Era algo como la forma de la gloria de Yahveh" (*ibid.* 1:28). Es la apariencia de los colores de todos ellos. Así pues "Pongo mi arco en las nubes" (*Génesis* 9:13).[28] [*Zohar* I, 71b.]

El eco

Rabí Simón preguntó a uno de sus compañeros: ¿Puedes darme una explicación original para algo que me preocupa?

Él le dijo: Habla.

Y él contestó: Quisiera conocer el misterio del sonido que regresa. Un hombre puede gritar en el campo, o en otro lugar, y otra voz le contesta; nadie sabe por qué.

Él le dijo: Ah, santo y piadoso hombre, en relación con este asunto se han alzado muchas voces ante la cabeza de la Academia de lo alto y se han dado muchas y sutiles interpretaciones. Cuando la cabeza de la Academia descendió, dijo: Así es como fue aclarada la cuestión en la Academia del firmamento. Se trata de un grave misterio. Vengan y vean. Hay tres voces que nunca desaparecen, aparte de las voces de la *Torah* y de la oración, pues éstas suben a lo alto y hienden firmamentos. Esas tres voces que no desaparecen y que tampoco ascienden son: la voz de la mujer durante la labor de parto, la voz del hombre cuando el alma deja su cuerpo y la

---

[28] El arco es *Maljut*.

voz de la serpiente cuando se deshace de su piel. Estas voces viajan por el aire de un extremo al otro del mundo.

Ah, santo y piadoso hombre, se trata de un asunto grande y profundo. ¿Qué pasa con estas voces y a dónde van a parar? Son las voces de la tristeza y viajan por el aire de un extremo al otro del mundo. Logran penetrar por las grietas y agujeros de la tierra y allí se esconden. Cuando un hombre grita, el sonido las despierta. A la voz de la serpiente, sin embargo, no la despierta la voz del hombre. ¿Qué la despierta? Un golpe. Cuando un hombre da un golpe la voz escondida de la serpiente se despierta, sólo esta voz y no otra. El sonido se despierta para aparearse con el sonido, cada uno con el de su misma clase. Así pues, en el día de Año Nuevo, el sonido del *shofar* despierta el sonido de otro *shofar* (*Binah*): los de una clase tras los de su misma clase. La serpiente está inclinada al mal, a matar y destruir; a su voz sólo puede despertarla un sonido de su misma clase; éste se escucha cuando el hombre da un golpe con su bastón en el suelo, llamándola.[29] Entonces se despierta la voz de la serpiente para responder a ese llamado. Éste es un misterio oculto. [*Zohar* III, 168b-169a.]

[29] El golpe, como acto malo, despierta los poderes del "otro lado", a los que pertenece la serpiente.

GLOSARIO

ADONAI: Término que designa uno de los setenta y dos nombres de Dios.

AYIN: Es la letra del alfabeto hebreo que tiene el valor numérico de setenta. Este número tiene más de un sentido simbólico para la cábala judía ya que representa el número del infinito, en la medida en que es una de las letras con las que se nombra a la divinidad.

BINAH: Se trata de la tercera *sefirah*, emanación o atributo divino que se refiere a la Inteligencia divina.

DERASHAH: Sentido alegórico.

DIN: Llamada también *Gevurah*, esta quinta emanación se refiere a la fuerza de Dios que se manifiesta especialmente en la fuerza del juicio y del castigo.

EHYEH ASHER EHYEH: "Soy Quien Soy".

EN-SOF: Literalmente "Sin fin". Se refiere al carácter infinito de la divinidad.

ELOHIM: Uno más de los nombres de Dios.

ELOHENU: Nuestro Dios.

GEHINOM: Infierno. Término utilizado particularmente a partir de la Edad Media. Anteriormente se utilizaba el término más genérico de *Sheol* para referirse al lugar a donde iban a morar los muertos.

GEVURAH: Véase *Din*.

HAGADAH: Literalmente, "narración".

HALAJAH: Literalmente, "procedimiento". Se refiere al conjunto de leyes judías, a la parte legal del Talmud, así como a las codificaciones posteriores, en contraste con la *Hagadah*, que es narrativa y no legal.

JESED: Cuarta *sefirah*; se refiere al Amor y a la Misericordia divinos.

JIRIK: Se refiere a la vocal *i*, representada por un punto debajo de la consonante.

JOD: Octava *sefirah*; se refiere a la Majestad de Dios.

JOJMAH: Segunda *sefirah*; se refiere a la Sabiduría divina o Idea Primordial de Dios.

KETER: Literalmente, "corona". Se trata de la primera *sefirah*, que se refiere a la Corona Suprema de Dios. Se asocia con la parte masculina de la divinidad.

KUSHYAH: Pregunta o cuestionamiento.

MALJUT: Décima *sefirah* o atributo divino, significa el Reinado de Dios y

183

es descrita generalmente como la comunidad de Israel o como la *Shejinah*. Se asocia con la parte femenina de la divinidad y en ella se representa el exilio del pueblo de Israel, así como el exilio de *Maljut* de su consorte masculino, *Keter*.

MATZAH: Pan ácimo que se acostumbra comer durante la semana de Pascua y que remite al acontecimiento histórico-mítico de la rapidez con la que el pueblo de Israel tuvo que abandonar Egipto para empezar sus cuarenta años de peregrinaje por el desierto.

MEZUZAH: Rollo de pergamino que contiene versículos bíblicos y que se fija a la entrada, en el marco de la puerta de las casas judías. En la parte de atrás del pergamino está inscrita en hebreo la palabra *Shadai*, Todopoderoso, uno de los nombres de Dios; se interpreta también como un acróstico de *Shomer Daltot Israel* (Guardián de las Puertas de Israel). El pergamino se coloca dentro de una caja ornamental de madera de oliva, metal, piedra o plástico y ésta se fija al marco derecho.

MINYAN: *Quorum* de plegarias de diez varones adultos, en ausencia del cual no puede realizarse ningún servicio religioso público en la congregación.

MISHNAH: Compendio de seis volúmenes realizado por el rabí Judah, el príncipe, junto con los *tanaim*, que recoge las enseñanzas orales judaicas. Esta obra legalista fue escrita entre el año 132 y el 219 d.C.

MITZVAH: Precepto o mandamiento que todo judío está obligado a cumplir. De acuerdo con la tradición rabínica, existen en total seiscientos trece *Mitzvot*.

NEFESH: Espíritu.

OR: Luz.

RAJAMIN: Sexta *sefirah* que remite a la compasión de Dios. También recibe el nombre de *Tiferet*.

RAZ: Misterio, secreto. Se refiere al cuarto nivel de interpretación en la cábala, es decir, al nivel propiamente místico.

SEFIRAH/SEFIROT: Singular y plural de la palabra *safir*, en hebreo, "zafiro". Este término se refiere a la emanación o atributo divino que constituye el árbol sefirótico en el que se representa el despliegue divino de la Creación.

SHABAT: Literalmente "sábado". Día de descanso ordenado, la observancia central y más característica del judaísmo. El *Shabat* se reserva como séptimo día de la semana para la plegaria y la suspensión del trabajo. Comienza a la caída del sol el viernes por la tarde, que es la víspera del *Shabat*, y finaliza después de la caída del sol el sábado en la noche.

SHADAI: Uno más de los nombres de Dios.

SHEJINAH: Presencia divina o Espíritu divino, término empleado por los rabinos para señalar la Inmanencia de Dios y como sinónimo de Dios mismo. Para la cábala judía este término adquiere una importancia singular, ya que se asocia con el atributo femenino de la divinidad y se considera como el vehículo de tránsito a la esfera de lo sagrado. Asimismo, el término remite a la décima *sefirah* o emanación divina, cuyo nombre es *Maljut*, pero que con frecuencia aparece con el nombre de *Shejinah*.

SHEMÁ: Literalmente "¡Escucha!", palabra inicial del *Shemá Israel*, proclamación de fe que afirma la creencia judía en la unidad de Dios y la lealtad de su pueblo a la Voluntad divina y a los mandamientos. Se recita diariamente.

SHEOL: Término con el que se designa el lugar a donde van a morar los muertos. A partir de la Edad Media se asocia a este concepto la idea de "infierno", y los términos *Sheol* y *Gehinom* empiezan a utilizarse indistintamente.

SHOFAR: Cuerno de animal o "trompeta" utilizada en el ceremonial judío, especialmente en *Rosh Hashaná* (Año Nuevo) y en *Yom Kipur* (Día de la Expiación).

SITRA AJRA: Literalmente "el otro lado". Se refiere al lado del mal que, en el pensamiento cabalista, adquiere una importancia singular, en la medida en que este "otro lado" es parte constituyente de la esfera de lo divino. De la misma manera en que Dios es un ser andrógino, contiene a su vez las caras del bien y del mal. No se trata aquí de un dualismo, de una confrontación entre un dios bueno y otro que no lo es sino de una unidad compleja, aparentemente contradictoria, en donde el mal, "el otro lado", es la única vía de acceso a la esfera del bien y de lo sagrado.

SUKOT: Literalmente, "cabañas". Festividad de los Tabernáculos que se festeja una semana después del Día de la Expiación.

TANA/TANAIM: Singular y plural de "maestro". Término arameo que se refiere al maestro de la "Ley Oral".

TEFILIN: Filacterias, es decir, pequeñas cajas que contienen pasajes bíblicos prescritos. Están hechas de cuero negro y tienen cintas del mismo material. Los varones deben colocárselas durante la plegaria en los servicios cotidianos matutinos.

TIFERET: Sexta *sefirah*, que remite a la compasión de Dios. También se le llama *Rajamin*.

TIKUN/TIKUNIM: Singular y plural de la palabra "redención".

TORAH: Término con el que se hace referencia al Pentateuco y, algunas veces, al conjunto de la Biblia.

TZEDEK: Justicia.

TZITZIT: Flecos o borlas usados por los varones en el *Talit* o rebozo de rezo, así como en cualquier otra vestimenta de cuatro esquinas. La palabra *Tzitzit* en gematría tiene un valor numérico de 613, es decir, el total de los mandamientos de Dios, que debe observar el pueblo de Israel.

YAHVEH: Es el nombre sagrado de Dios, el *Tetragrammaton*, cuyas cuatro consonantes no deben ser pronunciadas en voz alta por ningún fiel del pueblo de Israel.

YESOD: Novena *sefirah*. La base de todas las fuerzas activas de Dios.

YHVH: Tetragrama del nombre *YAHVEH*.

YOD: Letra del alfabeto hebreo con la que se inicia el nombre sagrado de Dios *Yahveh*.

ZE'IR ANPIN: Término arameo que se refiere a los pequeños rostros o querubines.

ZOHAR: Literalmente, "esplendor". El *Zohar* es el libro más importante de la mística judía, escrito en el siglo XIII en España, originalmente en arameo (la mayor parte) y atribuido a partir de nuestro siglo a Moisés de León. Su carácter pseudoepigráfico hizo creer a los estudiosos de la cábala que se trataba de un libro mucho más antiguo, escrito por el rabino Simón ben Yohai. Es considerado, junto con la Biblia y el Talmud, el libro más sagrado de la cultura judía.

ZOT: Ésta.

BIBLIOGRAFÍA

Baer, Yitzhak, *Historia de los judíos en la España cristiana, I-II* (1959), Madrid, Altalena, 1981.

Biale, David, "Eros: Sex and Body", en *Contemporary Jewish Religious Thought*, Nueva York, Charles Scribner's Sons, 1987.

Biblia de Jerusalén, Bilbao, Desclée de Brouwer, 1975.

Cohen, Gerson D., *La época talmúdica*, Buenos Aires, Paidós (Biblioteca de Ciencia e Historia de las Religiones), 1965.

Cohen A., Arthur y Paul Mendes Flohr (eds.), *Contemporary Jewish Religious Thought* (Original Essays on Critical Concepts, Movements and Beliefs), Nueva York, Charles Scribner's Sons, 1987.

Cordovero, Moise, *Le palmier de Débora*, París, Verdier, 1985.

Enciclopedia judaica castellana, México, Enciclopedia Judaica Castellana, t. II, 1948.

Faur, José, *Golden Doves with Silver Dots* (Semiotics and Textuality in Rabbinic Tradition), Bloomington, Indiana University Press, 1986.

Gandelman, Claude, "La Bibbia come firma di Dio: l'interpretazione cabbalistica della Scrittura e del mito della caduta delle lingue", en *Carte Semiotiche*, núm. 3, Florencia, La Casa Usher, 1987.

Graves, Robert y Raphael Patai, *Los mitos hebreos* (1963), Madrid, Alianza Editorial, 1986.

Halkin S., Abraham, "La época judeo-islámica", en *Grandes épocas e ideas del pueblo judío*, Buenos Aires, Paidós, 1965.

Handelman, Susan, *The Slayers of Moses: The Emergence of Rabbinic Interpretation in Modern Literary Theory*, Albany, State University of New York Press, 1982.

Hartman,Geoffrey H. y Sanford Budick (eds.), *Midrash and Literature*, New Haven-Londres, Yale University Press, 1986.

Herman, Howard, *The Lilith Motif in Rabbinic Literature*, Tesis, Nueva York, Hebrew Union College-Jewish Institute of Religion, 1978.

Idel, Moshe, *Kabbalah: New Perspectives*, New Haven-Londres, Yale University Press, 1988.

————, *The Mystical Experience in Abraham Abulafia*, Albany, State University of New York Press, 1980.

————, *Studies in Ecstatic Kabbalah*, Albany, State University of New York Press, 1988.

————, *Language, Torah and Hermeneutics in Abraham Abulafia*, Albany, State University of New York Press, 1988.

————, "Ramon Lull and Ecstatic Kabbalah. A Preliminary Observation", en *Journal of the Warburg and Courtauld Institutes*, vol. 51, 1988.

————, "The Magical and Neoplatonic Interpretations of the Kabbalah in the Renaissance", en *Jewish Thought in the Sixteenth Century*, Cambridge, Harvard University Press, 1983.

Lachower, F. e I. Tishby, *The Wisdom of the Zohar*, 3 vols. Oxford, Oxford University Press, 1991.

Le Bahir, Le Livre de la Clarté, París, Verdier, 1983.

Le Talmud, Traité Pessahim, París, Verdier, t. I, 1984.

Le Zohar, Charles Mopsik (trad.), París, Verdier, t. I, 1981; t. II, 1984.

Levinas, Emmanuel, *Quattre lectures talmudiques*, París, Minuit, 1968.

————, *Nomi propri* (1976), Casale Monferrato, Marietti, 1984.

Liebes, Yehuda, *Studies in the Zohar*, Nueva York, State University of New York Press, 1993.

Matt Chanan, Daniel (trad. e introd.), *The Zohar, The Book of Enlightenment*, Nueva York, Ramsey-Toronto, The Classics of Western Spirituality, Paulist Press, 1983.

Rashi de Troyes, *Commento alla Genesi*, Prefacio de P. De Benedetti, Casale Monferrato, Marietti, 1985.

Reuchlin, Johann, *La Kabbale* (*De arte cabalistica*), París, Editions Aubier Montaigne, 1973.

Satz, Mario, *Árbol verbal, nueve notas en torno a la Kábala*, Madrid, Altalena, 1983.

Scholem, Gershom, *Major Trends in Jewish Mysticism* (1941), Nueva York, Schocken Books, 1961.

————, *Jewish Gnosticism, Merkabah Mysticism and Talmudic Tradition* (1960), Nueva York, The Jewish Theological Seminary of America, 1965.

————, *Sabbatai Sevi, The Mystical Messiah* (1973), Princeton, Princeton University Press, 1975.

————, *La Cábala y su simbolismo* (1960), Madrid, Siglo XXI, 1978.

————, *Kabbalah*, Nueva York, New American Library, 1978.

————, "The Concept of Kavanah in the Early Kabbalah" en A. Jospe, *Studies in Jewish Thought: An Anthology of German Jewish Scholarship*, Detroit, Wayne State University Press, 1981.

————, *Le nom et les symboles de Dieu dans la mystique juive*, París, Editions du Cerf, 1983.

————, *Origins of the Kabbalah* (1962), Princeton, The Jewish Publication Society Princeton University Press, 1987.

Sepher Ha-Zohar (*Le Livre de la Splendeur*), Jean de Pauly (trad.), París, Ernest Laroux, 6 vols., 1906-1911.

Sepher-Ha-Zohar (Le Livre de la Splendeur), Jean de Pauly (trad.), París, Éditions Maisonneuve & Larose, t. II, 1985.

Sefer Yetzira, *Libro della Formazione* (ed. bilingüe), Eliahu Shadmi (trad.), Roma, Editrice Atanor, 1981.

Teicher, J.L., "The Medieval Mind", en *The Journal of Jewish Studies*, vol. 6, Londres, 1955.

Vajda, George, *L'amour de Dieu dans la théologie juive du Moyen Age, Études de Philosophie Mediévale*, París, Librairie Philosophique, J. Vrin, 1957.

Wolfarth, Irving, "Sur quelques motifs juifs chez Benjamin", en *Revue D'Esthétique*, nouvelle série, núm. 1, Toulouse, Centre National de la Recherche Scientifique et du Centre National des Lettres, 1981.

Wolfson, Elliot, "Light Through Darkness", en *Harvard Theological Review*, 81-1, Harvard, Harvard University Press, 1988.

————, "La hermenéutica de la experiencia visionaria: revelación e interpretación en el *Zohar*", en *Acta Poética*, 9-10, México, Seminario de Poética, Instituto de Investigaciones Filológicas, UNAM, 1989.

Yates, A., Frances, *Giordano Bruno y la tradición hermética*, Barcelona, Ariel (Filosofía), 1983.

Zava'at ha-Besht, Jacob Shohat (comp.), Brookline, 1985.

Zohar. El libro del esplendor, selección de Gershom Scholem, Pura López Colomé (trad.), México, UAM, 1984.

Zohar: The Book of Splendor (1949), Basic Readings from the Kabbalah, Gershom Scholem (ed.), Nueva York, Schocken Books, 1963.

189

Zohar,
con un tiraje
de 10 000 ejemplares,
se terminó de imprimir en el mes
de julio de 2010, en los talleres de
Impresora y Encuadernadora Progreso,
S.A. de C.V., San Lorenzo núm. 244,
col. Paraje San Juan, Iztapalapa, D.F.

Cuidado de edición:
Dirección de Publicaciones
del Consejo Nacional para la Cultura y las Artes